Copywriting Efectivo
Para Generar Ventas e Ingresos

Conoce la Fórmula Secreta que Usan los
Copywriters en el Marketing Digital, la Creación de
Contenido Web, Email Marketing y SEO.

Por

David Marcel

Copyright

la información tome de manera definitiva. Esto incluye copia de las versiones del trabajo tanto físico, digital como de audio, a menos que se proporcione de antemano el consentimiento expreso del Editor. Cualquier derecho adicional reservado.

Además, la información que se puede encontrar dentro de las páginas descritas a continuación se considerará precisa y veraz cuando se trata del recuento de los hechos. Como tal, cualquier uso, correcto o incorrecto, de la información proporcionada hará que el Editor esté libre de responsabilidad en cuanto a las acciones tomadas fuera de su alcance directo. En cualquier caso, hay cero escenarios en los que el autor original o el Editor pueden ser considerados responsables de cualquier manera por cualquier daño o dificultad que pueda resultar de la información que se describe en este documento.

Además, la información en las siguientes páginas está destinada solo para fines informativos y, por lo tanto, debe considerarse universal. Como corresponde a su naturaleza, se presenta sin garantía de su validez prolongada o calidad provisional. Las marcas comerciales que se mencionan se realizan sin consentimiento por escrito y de ninguna manera pueden considerarse un respaldo del titular de la marca.

Tabla de Contenidos

Ch. 1. Introducción

En esta era emergente de la información, todos somos copywriteres, aunque si no quisieramos serlo. Es decir, si alguna vez has escrito un blog, un testimonio, una publicación en un foro, una página web, un correo electrónico o una publicación en redes sociales (como en Facebook, Instagram, Pinterest o LinkedIn), entonces probablemente hayas escrito algo sobre un producto o servicio. Quizás fue un mensaje de texto sobre un producto que vendes. O tal vez fue una recomendación que le hiciste a un amigo.

En cualquier caso, ¿notaste que las palabras que escribiste pudieron influir en el comportamiento de compra de la persona que leyó tus palabras?

Tómate un momento para apreciar lo poderoso que es este concepto. Escribiste algo en un teclado en una ciudad, y tu conocido (que vive quizás a cientos de millas de distancia), leyó tu mensaje de texto, y decidió *separarse de su efectivo* ganado con tanto esfuerzo, y comprar el producto que recomendaste. Hay un nombre para las personas que realizan este tipo de actividad.

Una persona que escribe un texto persuasivo, diseñado para convencer a un consumidor para que compre un producto, se llama "copywriter publicitario".

Entonces, lo sepas o no, probablemente ya seas un copywriter.

Además, si alguna vez te has registrado en un sitio web, has descargado un libro electrónico o comprado un dispositivo en línea, entonces has estado sujeto a las palabras encantadoras, de un esccritor u otro.

De hecho, no importa dónde mires (en el mundo real o online), ves palabras. (Muchas, muchas palabras). Y cada palabra, de cada oración que leíste, fué cuidadosamente seleccionada por un copywriter, cuya única intención era captar tu atención y convencerte de que su producto es digno de tu dinero.

Mientras paseas por el centro comercial local o navegas por el ciberespacio, espero que la importancia de este conjunto de habilidades (copywriting publicitario) sea claro para ti. Aunque la historia del copywriting se remonta a siglos atrás, la habilidad es solicitada ahora más que nunca. ¿Por qué? Porque ahora hay más personas alfabetizadas en la tierra que antes.

Hace solo unas décadas, el copywriting publicitario consistía principalmente en crear contenido cautivador para publicaciones impresas, como periódicos y revistas. Pero Internet ha traído una abundancia de medios publicitarios y nuevos consumidores internacionales, todos esperando devorarlo.

Si bien el medio puede haber cambiado, las reglas siguen siendo las mismas. Porque, las reglas del copywriting son intemporales.

Entonces, si trabajas en cualquier tipo de industria, que usa la palabra escrita, te debe interesar desarrollar este conjunto de habilidades.

Ahora, hacer que los clientes vean el valor de cualquier producto puede ser difícil. La gente esta ocupada. Y escribir palabras que llamen la atención no es una tarea fácil. Pero, los nuevos copywriteres no necesitan ser intimidados por el proceso. Porque, incluso si nunca antes has publicado una sola palabra, aún puedes ser un excelente copywriter. Porque un grandioso copywriting no se trata de crear arte, poesía o analizar un soneto de Shakespeare. Más bien, se trata de "hablar el idioma del cliente" y saber qué palabras usar y qué factores desencadenantes lo hacen querer comprar tu producto.

Un copywriter no necesita ser un maestro de las palabras. De hecho, tejer oraciones coloridas juntas (con prosa florida) a menudo es un detrimento en el copywriting publicitario. Debido a que las cartas de ventas que usan un léxico limitado (con un lenguaje simple), tienden a ganar la mayor cantidad de dinero de todos modos.

El truco para escribir un anuncio que venda es aplicar las fórmulas que los copywriteres profesionales han estado desarrollando durante siglos. Hasta hace muy poco, solo conocerías estos trucos si trabajaras en una agencia de publicidad o pasaras largas horas probando varias tácticas de marketing. Pero, en este libro, hemos intentado conjeturar los aspectos más importantes de esta empresa, y dividir estas técnicas en ejercicios fácilmente digeribles. Cuando aprendes a detectar los desencadenantes de compra innatos (del subconsciente humano), entonces la tarea del copywriter de textos publicitarios es realmente fácil y divertida.

Estas listo para comenzar?

Toma un poco de café. Y exploremos el maravilloso (extraño) mundo del copywriting publicitario.

Ch. 2: ¿Qué Es El Copywriting Publicitario?

Comenzaremos este libro definiendo nuestros términos. Esta tarea es en realidad un poco más complicada de lo que piensas. Porque en el vasto campo de la creación de contenido, un término a menudo pisará los pies de otro término. ¡Y hasta los ejecutivos de la industria a veces usan los términos incorrectamente!

Esto se debe en parte al hecho de que los términos en cuestión se ven y suenan bastante similares.

"Copy, Copywriter, Copyeditor, Content Writer, and Copyright".

¿Ves lo que quiero decir?

Definamos cada uno de estos términos ahora.

¿Qué Es Un "Copywriter Publicitario"?

Un Copywriter Publicitario (o "copywriter publicitario") es una persona que escribe texto para anuncios u otro material de marketing. Su objetivo es componer un mensaje persuasivo, que incite al consumidor objetivo a realizar una acción Esta acción puede implicar: comprar un producto, descargar un libro electrónico, registrarse en un sitio web, compartir un enlace, hacer una llamada telefónica, etc., etc. Así:

El copywriting publicitario es el arte y la ciencia de convertir las palabras en ventas.

Se trata de llamar la atención de un público específico y motivarlos a hacer algo. Se trata de producir un mensaje creativo, efectivo y evocador, diseñado específicamente para persuadir y vender. Por lo tanto, es una herramienta esencial para cualquier negocio, ya que busca correr la voz sobre tu producto o servicio.

¿Qué es un "Copy o Anuncio"?

El término "Copy" se refiere a los elementos textuales en una pieza de material de marketing.

- Por ejemplo, cuando te refieres a un "copy" en una revista, generalmente te refieres a las palabras que cubren los anuncios en sus páginas más interesantes.

- Si tu eres un vendedor online y ee refieres a el "copy" en un sitio web, generalmente estás hablando del texto HTML, que contiene (y formate) las palabras en cada página web.

El término "copy" suele ser sinónimo del término "palabras". Los copywriteres son las personas que producen estas palabras. O, para decirlo de otra manera:

"Los copywriteres producen palabras".

Ese es tu trabajo.

¿Qué es un "Copy Editor"?

Un Copy Editor o "Editor de Contenido" es una persona que revisa el texto antes de su publicación. A menudo, se paga a un editor para que busque errores gramaticales u ortográficos. Pero también se les puede pedir que busquen errores técnicos (específicos de la industria) en un documento.

Aunque las palabras suenan similares, un editor de contenidos generalmente no es un copywriter. Recuerda, el trabajo de un copywriter es escribir palabras que te convenzan de comprar algo. Pero el trabajo del editor es encontrar errores en un documento.

Los términos copyeditor, copyreader y proofreader (corrector de pruebas) son bastante comparables, y a menudo se usan como sinónimos.

¿Qué es el "Copyright"?

La palabra "copyright" (con una "r") suena como la palabra "copywriter" (o write con una "w" en inglés). Pero en realidad las palabras no están relacionadas.

La palabra "copyright" se refiere al derecho legal de imprimir, vender o reproducir una obra literaria (o artística). Por ejemplo, si tienes los derechos de autor de la novela "Harry Potter y La Piedra Filosofal", eso significa que tienes derecho a imprimir y vender este libro.(Y serías rico de hecho)

¿Qué es un "Content Writer"?

Un Content Writer (o "creador de contenido") es una persona que crea o produce contenido. Esto puede ser en forma de una publicación de blog, video de YouTube, página web, manual de instrucciones, boletín electrónico, etc.

Un creador de contenido es a menudo un copywriter experto. Pero también pueden especializarse en otras tareas creativas, como investigación de antecedentes, fotografía, optimización de motores de búsqueda (SEO) o incluso edición de videos.

Algunos "creadores de contenido" también son "copywriteres". Pero la mayoría no lo son.

Entonces, revisemos una última vez. Un "copywriter" es una persona que produce palabras que intentan venderle algo.

Idealmente, él "convierte las palabras en dinero", que es lo que más nos preocupa en este libro.

Ch. 3: Primeros Pasos Con El Copywriting

Entonces, ahora que tenemos nuestros términos claros, comencemos a aprender cómo escribir un buen "copy" (es decir, cómo ser un buen copywriter).

El arte y la ciencia del copywriting publicitario se ha practicado durante siglos. Pero con el advenimiento de la era de la información, el conjunto de estas habilidades tiene muchas más demanda ahora que antes. Si alguna vez te suscribiste a un sitio web, descargaste un libro electrónico o compraste comida para gatos online, entonces has estado sujeto al encanto de un copywriter.

Hay buenos y malos copywriters en este mundo, al igual que con cualquier otra habilidad. Así que hablemos sobre cómo ser uno bueno.

¿Qué Es Un Buen Copywriting Publicitario?

Hay una gran diferencia entre un copy regular y uno bien elaborado. El copywriting efectivo no requiere que golpees a una persona con tu mensaje. Tampoco implica crear una exhibición textual llamativa de mayúsculas mal colocadas y tipos de letra en negrita. Por el contrario, un buen copy se trata de componer un mensaje persuasivo, que se base en tu propio mérito, sin un exceso de lenguaje "de ventas".

Recuerda, el copywriting publicitario es un arte y una ciencia. Entonces, como con cualquier tipo de escritura humana, es imposible cuantificar exactamente por qué un párrafo es "bueno" mientras que otro son "malos". También hay un elemento subjetivo, por supuesto. Pero, a continuación, hemos enumerado algunas reglas para que puedas comenzar a producir copies (anuncios) excelentes.

Regla 1: Un Buen Copy Va Dirigido A Un Público Específico.

En última instancia, un copy correctamente orientado caerá sobre los ojos de un público específico. Por lo tanto, tu objetivo es escribir y promocionar tu contenido, de tal manera que te asegures de que tu mercado objetivo responderá a él.

Debido a esto, la investigación de mercado es a menudo el primer paso en el copywriting publicitario. Trabaja duro para evaluar a tus clientes y mantener un perfil demográfico de tu consumidor objetivo. Nuestro objetivo principal en el marketing es hacer publicidad en lugares donde podemos encontrar nuevos clientes, que son similares a los actuales clientes que pagan.

Regla 2: Una Buena Escritura Se Dirige A Los Clientes Como "Tu", No como "Nosotros".

Tenga cuidado con el lenguaje que usas cuando te comunicas con tu audiencia. No suenes "abiertamente profesional" en tu material de marketing. Y evita hacerlo en "tercera persona". En cambio, escribe en un "tono de conversación", en primera o segunda persona. Escribir en este estilo a menudo ayuda a conectar los puntos principales en tu copy, a eventos relacionados en la vida de tu lector. La palabra "nosotros" es típicamente una mala forma en el mundo del copywriting publicitario. ¿Por qué? Debido a que tus lectores están interesados en saber de "ti", no de "nosotros". Además, tienen la misma curiosidad de saber acerca de sí mismos, usando la palabra "tu".

Por lo tanto, habla sobre tus problemas, tus necesidades, tus deseos, tus recuerdos y tu futuro, etc. Toda el copy que escribas debe estar relacionado con tu posible cliente potencial. No es un "nosotros" generalizado.

Sin embargo, hay estilo de copywriting que a menudo rompen esta regla. Y eso es cuando estás proporcionando algún tipo de compromiso corporativo a tu lector. Por ejemplo:

"Su comida será entregada en 30 minutos o menos".

Es aceptable usar "nosotros" en oraciones como esta, que revelan algún tipo de "promesa" o "compromiso de marca" para tu audiencia.

Regla 3: El Buen Copywriting Promete Un Beneficio Único Para La Audiencia.

Tu audiencia tiene muchas opciones para considerar. Entonces, ¿qué es (exactamente) lo que hace que tus esfuerzos de marketing sean diferentes?

¿Por qué la gente debería elegir tu producto?

¿Qué te hace diferente?

La novedad es importante en la venta de productos. Por lo tanto, asegúrate de centrarte en algún elemento único de tu producto, que te haga diferente de la gran cantidad de productos que existen.

Familiarízate con la USP (Propuesta de Venta Unica) de tu producto. Una "USP" es una promesa (sobre tu producto) que le haces a tu cliente potencial, en el que exclamas las virtudes de un beneficio novedoso que proporciona tu producto.

Idealmente, este atributo del producto debería ser uno que tu competencia no ofrezca actualmente.

Aquí hay algunos ejemplos de algunas compañías famosas:

- **FedEx**: "De cualquier manera, tenemos que estar allí de la noche a la mañana".
- **Domino's Pizza**: "Recibe pizza fresca y caliente en tu puerta en 30 minutos o menos, o es gratis".
- **M&M**: "Se derrite en la boca, no en la mano".

Regla 4: El Buen Copywriting Publicitario No Requiere Mucha Información.

Nada asusta más a las personas que un muro de texto. Nuestras vidas están ocupadas, y simplemente no tenemos tiempo para revisar cada presentación de marketing, buscando el mejor trato.

Por lo tanto, si el copy de tu anuncio es demasiado largo, correrás el riesgo de perder la atención de tu audiencia. En cambio, lucha por la brevedad. Díle a tu audiencia lo que necesita saber y manténlo simple.

Regla 5: El Buen Copywriting Contiene Pruebas De Que El Producto Funciona.

Los humanos son criaturas asustadas y ansiosas. Inseguros de sí mismos. E inseguros sobre los demás. Uno de nuestros trabajos más importantes (como copywriters) es reducir esta ansiedad. Y una de las mejores maneras de hacer esto es ofrecer pruebas (de una forma u otra) de que nuestro producto funciona.

Esta prueba generalmente se presenta en forma de testimonio de un cliente, un premio de un líder de la industria, una historia en un periódico importante, una foto de antes y después, etc.

En cualquier caso, trabaja duro para reunir evidencia de la efectividad de tu producto. Esto es a menudo el elemento de marketing más persuasivo en tu copy.

Regla 6: *Mueve Al Cliente Hacia Tu Llamado A La Acción.*

Recuerda, la mayoría de las personas necesitan un empujón en la dirección correcta. Tu copy de marketing debe guiar a las personas hacia tu llamado a la acción. Y, cuando lleguen allí, el próximo curso de acción debería ser claramente obvio.

- ¿Se supone que deben hacer clic en un enlace?
- ¿Se supone que deben llamar a este número de teléfono?
- ¿Se supone que deben "Agregar al carrito"?

Cualquiera que sea tu llamado a la acción, házlo visible.

Regla 7: *Da Seguimiento y Haz Pruebas.*

En estos días, y especialmente cuando se trata de marketing en el espacio digital, debes mantener estadísticas de seguimiento para todas tus actividades de marketing. Esta es la única forma de saber realmente qué está funcionando y qué no. Afortunadamente, hay miles de diferentes herramientas de seguimiento de estadísticas para elegir. Y cada industria puede usar métricas ligeramente diferentes para revelar datos de ventas. Pero es fundamental para nuestra discusión, el que tengas el hábito de usar algún tipo de medida objetiva, para determinar si tus actividade0073 de marketing están funcionando o no.

¿Cómo Sabes Si Eres Un "Buen Copywriter"?

La aplicación de las reglas anteriores no necesariamente hará que tu copy sea bueno. Cuando se trata de actividades creativas humanas (como novelas, guiones de películas o poesía), mientras más "buena" es una pieza, esta podría estar dictada por los caprichos de un pequeño grupo de críticos literarios.

Sin embargo, cuando se trata de copywriting publicitario, no existen tales pretensiones. Recuerda, en el copywriting publicitario, nuestro único objetivo es "convertir nuestras palabras en dinero". Por lo tanto, en el copywriting de textos publicitarios, tenemos el lujo de tener una medida objetiva para medir el éxito (o el fracaso) de cualquier pieza de copy.

El "buen copywriting" es el que logra convertir a los clientes en compradores.

Ten en cuenta que esta es una empresa de un nicho específico. El copy que usarías para vender diamantes a los aristócratas, no es el mismo, que usarías para vender linternas a mochileros. Y algunos mercados son simplemente más grandes (y más acaudalados) que otros. Pero, en última instancia, sabes que ha escrito un buen copy, cuando incitas a tu clientela objetivo a entregar el dinero que tanto le costó ganar, para obtener tu producto o servicio.

Las 3 Partes Del Mensaje Del Copywriter

En general, puedes dividir el producto del copywriter en tres partes:

1. El título
2. El anuncio
3. El llamado a la acción

El título es ese texto audaz que se encuentra en la parte superior de un documento e intenta captar la atención del lector.

El Anuncio se refiere a todas las palabras debajo del título, que constituyen la mayoría del mensaje publicitario.

El llamado a la acción es el elemento publicitario final, que incita al usuario a realizar una acción. En el copywriting tradicional, el llamado a la acción puede solicitar que el lector "llame a un número de teléfono" o "preguntar hoy". Sin embargo, en los documentos web, este llamado a la acción a menudo se combina con un botón "Agregar al carrito", que mueve al lector a una página web de procesamiento de tarjeta de crédito o pantalla de pago de PayPal.

Un buen copywriter creará cada uno de estos tres elementos para trabajar armoniosamente hacia su objetivo final: conseguir que compres algo.

Discutiremos cada uno de estos tres componentes en los siguientes capítulos.

Ch. 4: El Título

Ve a tu sitio web de noticias favorito y mira los anuncios que se muestran al costado. Desenfoca un poco tus ojos, de modo que el texto se vea borroso, y simplemente bordea su campo de visión. Eso resume cómo la gente realmente ve tu copy publicitario. La mayoría de las personas no pasan mucho tiempo leyendo anuncios publicitarios, por supuesto. No prestan mucha atención a los anuncios de periódicos o revistas, anuncios de Facebook, anuncios de televisión o cualquier otro anuncio en su vida.

- Entonces, ¿por qué tu anuncio debería ser diferente?
- ¿Qué puedes hacer para llamar la atención del lector?

Ahí es donde entra el "título" (tan importante). El trabajo principal del encabezadp es atraer a los lectores, para que tomen una pausa y echen un vistazo al copy del anuncio también.

Ten en cuenta las emociones que sientes cuando haces cola en el mostrador de la tienda de comestibles. Ten en cuenta la oleada de títulos sensacionalistas que zumban a tu alrededor. ¿Cómo te afectan estos títulos? Fueron elaborados de tal manera que atraen tu atención de inmediato. Intentan inculcar una sensación de fascinación y crean anticipación.

Aprendamos cómo lo hacen.

El famoso copywriter Joseph Sugarman, describió un título como "una pendiente resbaladiza", en la cual el lector primero sería "absorbido" para leer el título, y luego el subtítulo, y luego la primera línea del copy, y luego la segunda línea, y así sucesivamente. Idealmente, queremos crear esta "pendiente de interés" para que el lector caiga.

Tradicionalmente, comenzamos con un título bonito y grande en la parte superior del copy, para captar la atención del espectador. Luego, una imagen relevante y atractiva se coloca debajo del título. Y luego, se redacta el copy del anuncio , que complementa tanto la imagen como el título, y llena el resto del espacio publicitario disponible.

El título es la parte más crucial de este proceso. El famoso sitio web CopyBlogger.com ha estimado que, de las diez personas que verán tu anuncio, ocho leerán el título. Y, solo dos procederán a leer el resto de tu copy. Entonces, si deseas que más personas se mantengan atentos, tu título debe ser el mejor posible.

5 Principios Para Crear Grandes Títulos

Cada copywriter tiene su propio estilo, por supuesto. Y, a medida que progresa en su propia carrera de copywriter, también debe trabajar para desarrollar su propio estilo. Pero, para comenzar, hemos enumerado cinco principios básicos, para ayudarte a escribir títulos únicos.

Principio 1.Usa Un Título Relevante

Hacer que los visitantes vengan a tu anuncio no es suficiente. Muchos vendedores jóvenes pueden probar trucos para que la gente haga clic en un botón o realice una acción, escribiendo "No haga clic en este botón" en el título del anuncio.pero esto es un truco.

Incluso si su pequeño truco logra que el 90 por ciento de su tráfico haga clic, la audiencia no hará ninguna acción después de llegar a su página, como por ejemplo comprar su producto. La razón es que el copywriting de tu anuncio no se relaciona con los deseos de tu público objetivo, que en realidad podría necesitar tu producto.

Por lo tanto, nuestro objetivo en el copywriting publicitario no es atraer a todos los ojos posibles. Más bien, queremos conducir el tráfico que realmente convierte. Es por eso que debemos usar un título relevante.

Principio 2.Hablale A Tu Público Objetivo

Parte de nuestro trabajo (como copywriters) es filtrar a los lectores no interesados. Esto se realiza creando un título es dirigido a un grupo específico de personas que se sentirán atraídos por su producto o servicio.

Por lo tanto, no tengas miedo de agregar una gran cantidad de "especificidad" a tu copy de título.

Principio 3. Usa Los Números

Uno de los trucos más antiguos (y más efectivos) para llamar la atención es utilizar números en tu título. Por razones desconocidas, las personas se sienten atraídas por los valores numéricos en el copy del anuncio. Aquí hay unos ejemplos:

- ¡Las 5 mejores formas de obtener ingresos pasivos en línea!
- Los 10 alimentos cetogénicos más fáciles de cocinar este verano.
- ¡20 formas de ganar dinero con Instagram!

Incluso puedes usar números dos veces en tus títulos. Por ejemplo:

- Las 5 mejores formas de obtener ingresos pasivos: hasta $ 1,000 por mes.
- Los 15 alimentos cetogénicos para cocinar esta Navidad, en solo 15 minutos.
- Las 25 formas más rápidas de ganar dinero con Instagram en 15 minutos por día.

Los arreglos numéricos como estos pueden ser extremadamente efectivos. Y considera que las personas parecen responder mejor a números impares como el "97", ni siquiera a números como el "98".

Principio 4.Añadir Adjetivos Favorables

Después de leer el título inicial, los clientes siempre se preguntan:

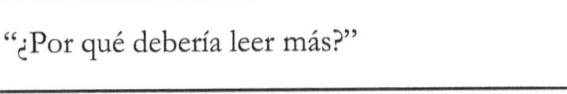

"¿Por qué debería leer más?"

Para responder esta pregunta, tu título debe usar adjetivos que describan el beneficio de continuar leyendo tu copy. Por ello, usa adjetivos beneficiosos como:

- *Más fácil*
- *Más rápido*
- *Útil*
- *Eficaz*
- *y Asequible*

Principio 5.Haz Una Pregunta

Este truco a menudo funciona mejor en el subtítulo. Un subtítulo adecuado agrega interés y valor al título y tu copy. Hace que el título se vea mejor.

La mayoría de las personas escanea el copy para averiguar si proporciona la información que está buscando o si puede resolver su problema. Por lo tanto, escribe el subtítulo en forma de una pregunta para que los lectores puedan ver qué respuestas obtendrán en el copy.

La "Fórmula de las 4-U" Para La Creación De Títulos

Ahora te presentaremos una técnica popular de titulares llamada "La fórmula de las 4-U". Puede hacer maravillas en tu título y mejorar las probabilidades de que tu audiencia realmente lea tu copy.

Esta fórmula contiene cuatro elementos, cada uno de los cuales comienza con la letra "U". Al componer el título, intenta hacerlo:

1. **Útil.** Piensa en el contenido que lees en un día típico, mientras te desplazas por Facebook o revisas tu correo. ¿Qué contenido prefieres o cuál despertó tu interés? Para encontrar tu audiencia, debes comprender qué es lo más útil para ellos. De esta forma, sabrás dónde están y podrán identificar los problemas y ofrecer soluciones.
2. **Único.** La singularidad es fundamental porque si la audiencia ya conoce la información o los beneficios que estás ofreciendo, no se molestarán en leer tu copy. Piensa en esto. Cuando buscas en Google y en 10 ventanas emergentes de enlaces similares, tendemos a hacer clic en el más exclusivo. ¿Por qué? La respuesta es que los títulos inusuales hacen que el copy sobresalga más. Entonces, si puedes hacer algo para agregar novedad a tu título, considera probarlo.
3. **Ultra-específico.** Es posible que tu título sea útil y único, sin ser lo suficientemente específico. Sin embargo, cuanto más específico sea tu título, más valioso será. Los titulares altamente específicos a menudo funcionan porque el público sabe exactamente

lo que está recibiendo. Aquí hay algunos ejemplos de títulos ultra específicos:

- Los 3 ejercicios de levantamiento de pesas que nunca debes hacer más de una vez por semana.
- 5 nuevas herramientas de software para profesionales del marketing en redes sociales.
- La guía de 10 pasos para establecerte como copywriter de viajes.

1. **Urgente.** Hay tanta información en el mundo para que los humanos la asimilen. Y, por lo tanto, estamos en constante competencia por la atención de nuestros lectores. El copywriter inteligente generará urgencia en su título, para obligar a la audiencia a realizar la acción de valor. El factor de urgencia obliga al lector a considerar nuestra oferta en el momento, en lugar de "posponerla hasta el día siguiente", cuando ya se han olvidado de nosotros.

Entre las cuatro U, esta última "Urgencia" es la más difícil de insertar en tus títulos. Aquí hay algunas palabras que pueden ayudar a transmitir esta emoción:

- Rápido
- Instantáneamente
- Finalmente
- Al Final
- Alerta

Usar palabras como estas agregan una sensación de prisa al texto. Y emplear esto, junto con las otras cuatro U, te ayuda a crear mejores títulos. Recuerda, el propósito de esta fórmula es proporcionar a tu audiencia soluciones útiles, únicas, urgentes y ultra específicas para sus problemas. Estos son los tipos de títulos que tienden a ser más efectivos online.

Tres Técnicas Para La Generación Rápida De Títulos

Ahora, para que tu cerebro funcione, a continuación enumeraré tres de mis atajos de títulos favoritos. Estas son las tres "técnicas de referencia" que debes considerar, cuando te sientes por primera vez a redactar un texto.

Técnica 1: Hacer Una Lluvia de Ideas

En este método, nos sentamos y generamos tantos títulos atractivos como podemos, tan rápido como podemos. De hecho, puedes generar algunos buenos títulos a través de esta manera de "flujo de conciencia". Y también obtendrás muchos títulos malos. Pero el punto no es pensarlos demasiado. Solo queremos tener lápiz a papel y hacer una lluvia de ideas sobre algunos títulos.

Aquí hay algunos ejemplos que se me ocurrieron:

- Título 1: Cómo escribir un buen copy.
- Título 2: Cómo escribir un copy que aumente las ventas.
- Título 3: Cómo este titular genera $ 10,000 cada mes.
- Título 4: 3 trucos de copywriting para duplicar tus ventas.
- Título 5: Mi fórmula favorita de todos los tiempos para escribir Títulos.

No lo hagas difícil. Simplemente queremos obtener de cinco a diez títulos en papel, lo más rápido posible. Y luego, nos sentamos y elegimos el título más atractivo de ese grupo. Para luego preguntarse, ¿cómo podría mejorar este titular?

Técnica 2: Mira Las Reseñas De Productos De Los Usuarios De Amazon

En este método, podemos utilizar Amazon para crear grandes títulos. Si estás vendiendo un producto en un nicho en Amazon, busca los productos de la competencia y lee sus comentarios. Notarás que las reseñas en Amazon pueden recibir "votos positivos" y "votos negativos". Por lo tanto, busca las opiniones más votadas y toma prestadas ideas para tus títulos desde aquí.

Un ejemplo de una reseña de Amazon podría ser:

"He leído muchas cosas sobre el trabajo independiente, pero esta guía respondió mis preguntas, en un sistema completo, paso a paso. Es la única guía que realmente uso. Y me ayudó a comenzar mi carrera como copywriter independiente".

Esta es una buena reseña de Amazon. Y, podemos derivar buenas líneas de esta cita como:

- ¡Esta es la única guía independiente que realmente usarás!

- Sigue este libro electrónico paso a paso y obtiene tu primer trabajo como freelancer.
- Un sistema completo: para comenzar tu carrera de copywriter independiente de la manera correcta.

Técnica 3: Ver Qué Sitio Web Está Rankeado En Google

Un tercer atajo, para obtener grandes títulos, es simplemente analizar los títulos de los 10 mejores resultados en Google. Recuerda, el trabajo de Google es mostrar los resultados de búsqueda que la gente quiere. Si nadie hace clic en estos resultados de búsqueda, Google sabe que el artículo no era lo que la mayoría de la gente buscaba. Por lo tanto, puede pensar en Google como un concurso, donde gana el mejor título (el que obtiene la mayor cantidad de clics).

Hay otros factores en el ranking de Google. Por lo tanto, no siempre debes crear tu título basándote en el primer resultado de búsqueda, por supuesto. Pero acostúmbrate a leer los mejores títulos de sitios web en tu nicho. Ten en cuenta el idioma que están utilizando. Debes familiarizarte íntimamente con la forma en que estos sitios web atraen a tus clientes y cómo utilizan la jerga de tu industria para atraer clics.

¿Qué Es Un "Archivo Swipe"?

Antes de ir mucho más lejos, tenemos que aprender qué es un "archivo swipe" (archivo deslizable).

Espero que el lector pueda apreciar el valor de tener una plantilla (o fórmula) de copywriting existente a continuacion. Así como los diseñadores gráficos que trabajan casi siempre usan fotografías o imágenes prediseñadas existentes para sus creatividades publicitarias, los copywriters que trabajan casi siempre comienzan con una plantilla, de algún tipo. Afortunadamente, escribir anuncios excelentes constantemente no requiere que los "crees desde cero" cada vez que te sientas a hacer un trabajo. Al contrario, los copywriters utilizan plantillas a menudo llamadas "archivos swipe".

De manera similar a nuestro ejemplo de la fórmula anterior, un "archivo swipe" es una colección de copias de anuncios que contiene plantillas de texto ya probadas para titulos, contenido y llamados a la acción. Cuando un copywriter necesita inspiración, o cuando se atasca tratando de producir una copia única, los archivos swipe pueden ser una bendición. El mismo copy que funciona en un negocio, a menudo puede funcionar en otro negocio, después de algunas modificaciones. Por lo tanto, es muy útil tener una lista de anuncios exitosos al alcance de la mano.

Como buen copywriter, debes hacer que sea parte de tu trabajo, mantener constantemente una biblioteca de archivos swipe, a lo largo de tu carrera. Además, debes revisar estos archivos repetidamente, de modo que sus mensajes se conviertan en una parte de tu cerebro, y hacer referencia a las tácticas que usan se convierte en una segunda opcion.

No importa para qué industria termines escribiendo, siempre debes agregar a tu biblioteca archivos swipe. Aquí hay algunos consejos para recopilar archivos magníficos:

- Explora las plataformas en línea donde los competidores obtienen la mayor parte de su tráfico. Mira sus anuncios Webs, y toma nota de los anuncios que parecen estar trabajando bien. Toma unas capturas de pantalla y guárdalas en una carpeta.
- Siempre presta atención a las tendencias de la industria, especialmente ten en cuenta lo que los grandes anunciantes están escribiendo en sus anuncios este año.
- Toma nota de los anuncios que aparecen una y otra vez, en tus feeds de Facebook o en sitios web populares. Si un anuncio se muestra con frecuencia, esto significa que las personas probablemente estén haciendo clic en él.

Ch. 5: El Copy

En el capítulo anterior, discutimos la primera parte de un mensaje publicitario típico: "el título". Ahora pasaremos a la siguiente parte: el copy del anuncio.

El anuncio (a menudo simplemente llamado "copy"), generalmente se refiere al cuerpo principal del texto debajo del título del anuncio. Recordemos que en el capítulo anterior, el papel del "título del anuncio" es atraer al lector, para que tenga la curiosidad de seguir leyendo. Una vez que lo hemos atrapado con nuestro título, es aquí, en este próximo cuerpo de texto ("el copy"), que convencemos a nuestro lector para que considere lo que nuestro producto tiene para ofrecer.

Hay un arte y una ciencia en este punto, por supuesto. Y entrenar para ser un gran copywriter requiere años de práctica. Sin embargo, hay varios principios claves, que son eternos en su aplicación. Y con los que deberías familiarizarte íntimamente. Vamos a enumerar estos principios ahora:

Principio 1: Conoce A Tu Audiencia

¿Cómo puedes escribir un copy convincente, si no sabes a quién estás tratando de contactar?

No lo puedes hacer

Entonces, antes de comenzar a escribir, asegúrate de poder responder las siguientes preguntas:

- "¿Para quién estás escribiendo?"
- "¿Qué necesita tu audiencia?"
- "¿Cómo piensa tu audiencia?"

Debes comprender tu target demográfico a la perfección. Si lo conoce bien, sabrás lo que están buscando y qué los inspiraría a realizar la acción.

Para entrar en el espacio de cabeza correcto, integra el "comprador tipo" en tu copy. Un "comprador tipo" (o buyer personas por su nombre en inglés) es una representación prototípica de tu cliente objetivo, generalmente concebida utilizando estudios del consumidor, investigación demográfica o experiencia de mercado.

Para comenzar a crear una imagen del comprador, házte una serie de preguntas que revelen tus antecedentes y tu modo de vida.

- ¿Cuál es su rutina diaria?
- ¿Cuál es su trabajo?
- ¿Qué ideas y objetivos tiene?
- ¿Qué desafíos enfrenta?

- ¿Cuáles son sus preferencias de compra?

Conocer estos elementos sobre tu target demográfico revelará información abundante y valiosa, que puedes utilizar para generar anuncios de manera más efectiva.

Principio 2: Comprende La Diferencia Entre Las Características Del Producto Y Los Beneficios Del Producto

Antes de sentarte a escribir sobre tu producto, hay algunas preguntas (sobre tu producto) que debes estar preparado para responder. Pregúntate:

1. ¿Qué palabras usaré para captar la atención de mi lector?
2. ¿Qué hará que mi anuncio se "destaque" de los anuncios de la competencia?
3. ¿Cuáles son los beneficios que ofrece mi producto, en comparación con otros en mi nicho?
4. ¿Cómo sabré si estoy logrando convencer a mi lector?
5. ¿Qué métricas estaré rastreando?

Tómate el tiempo para familiarizarte con el valor que tu producto tiene para ofrecer a tus consumidores. Describe los beneficios de tu producto usando términos claros, y de tal manera que tu usuario esté convencido de que ningún otro producto es mejor que el tuyo. Cuantos más beneficios tenga tu producto, más valor proporcionará a tu cliente.

A menudo, los copywriters cometen el error de confundir las características de un producto con los beneficios del producto. Pero hay una gran diferencia entre características y beneficios.

Las características de un producto son como las características de tu rostro, como tus ojos, nariz y oídos. Pero estas características tienen beneficios. Por ejemplo, los ojos te permiten ver los colores del mundo. La nariz es para oler. Y tu boca es para probar la comida.

Simplemente:

- Las **características** son las "características del producto" diseñadas en el producto y utilizadas para realizar una función.
- Y los **beneficios** del producto son el valor que obtienes de esas funciones.

Una característica de tu iPod es que puede almacenar 10 Gigabytes de música en su unidad de disco interna. Pero el beneficio es que tienes acceso instantáneo a tu biblioteca completa de música, todo en una caja de bolsillo.

Para un buen ejercicio, a menudo es útil sacar un trozo de papel y enumerar todas las características de tu producto a la izquierda, y los beneficios que produce a la derecha. Mientras escribes tu texto publicitario, consulta este documento con frecuencia e intenta ponerte en el lugar de alguien que necesita los beneficios que tu producto es capaz de proporcionar. Si te encuentras recitando características del producto como:

- Lente zoom 10x,
- 20 gigabytes de almacenamiento,
- o máxima seguridad

Entonces, probablemente lo estás haciendo mal. Recuerda, el cliente quiere saber qué beneficio le brindarán las características, no solo las características en sí mismas.

Principio 3: Haz Que Tus Consumidores Se Sientan Especiales

A todos les encanta sentirse especiales e importantes. Debes aprender a explotar este fenómeno psicológico en tu copy. Queremos aislar selectivamente a nuestra audiencia, en el buen sentido, diciéndoles que han sido "seleccionados a mano" y hacerlos sentir como si fueran parte de un grupo exclusivo.

Habla directamente con tu audiencia y demuestra una comprensión íntima de tu problema. Nunca les hables mal. En cambio, comprende que tu audiencia está buscando una manera de resolver su propio problema, de una manera única y rápida. Así que relacionate con ellos.Y guíalos a través del proceso de compra.

Principio 4: Agrega Un Toque De Emoción

Dos elementos juegan un papel importante en el impulso de las ventas: uno es la lógica y el otro es la emoción. Junto con sus otros atributos atractivos, el copy de tu producto debe hacer reflexionar y conectarse con tu cliente potencial, en un nivel emocional.

Esta es la razón por la que los buenos comerciales (y presentaciones de marketing potentes) a menudo te hacen reír o llorar. Estas pantallas crean momentos emocionantes, que han demostrado impulsar negocios. Entonces, con suerte, tu copy dejará una marca en el corazón y la mente de tu audiencia. Particularmente cuando tu objetivo es convertir a tus clientes potenciales, en clientes duraderos.

Principio 5. Contar Una Historia

Muchos anuncios atraen la atención de sus espectadores (y los persuaden a comprar) a través de la narración de historias. La narración de historias es una herramienta poderosa en marketing y publicidad, porque a las personas les encanta escuchar una historia emocionante que les provoca emoción. Invocar este fenómeno en tu copy online es una forma poderosa de hacer que tu cliente potencial asocie un "sentimiento" positivo con tu producto.

Golpea todos los sentidos de tu marca, describiendo cómo se sentirá (o se verá) con tu producto.Un ejemplo típico de esto es cuando las marcas de lujo representan bellamente el estado y la exclusividad de sus productos. Pintar una imagen de tu producto (a través de una buena narración de historias) ayudará a tu consumidor a conectarse con el producto y lo convencerá de comprarlo.

Principio 6: Conoce Tus Medios

Una vez que sepas para quién estás escribiendo y el tipo de respuesta que puedes esperar, tómate un momento para identificar el canal y el medio, a través del cual difundirás tu mensaje publicitario.

Esto es esencial comprenderlo antes de pasar a escribir tu copy. Pero, antes de decirte la razón por la cual , primero, veamos la definición de medio y canal.

- Un **medio** es como un tubo a través del cual pasa tu copy. Los ejemplos incluyen noticias impresas, radio o publicidad web online.

- Un **canal** es el entorno o la plataforma en la cual tu cliente potencial recibe tu copy, como a través de las redes sociales, sitios web de noticias o dispositivos móviles.

Comprender el canal y el medio es importante, porque esto agrega un elemento de especificidad al copy.

Piénsalo de esta manera: escribir un copy para la radio es diferente a escribir un copy para una publicación de Instagram, que al mismo tiempo es diferente a escribir un copy para la página de inicio de un sitio web, y asi mismo es diferente escribir un copy en un mensaje de correo electrónico, etc. Cada dominio es alterado por el propio dominio.

Así que mantente al tanto de tu medio y canal durante todo el proceso de copywriting. Específicamente, comprende que las personas tienen diferentes estados mentales y niveles de atención a medida que digieren la información. Por ejemplo, el anuncio publicitario que escribirías para un programa público de Talk Radio es diferente del anuncio que colocarías en la página de presentación del sitio web.

Principio 7: No Escribas Copys Aburridos O Confusos

La gente no presta atención a los copys que no son atractivos o útiles. En última instancia, es el valor que ofrece, lo que determina el éxito de tu negocio. Esto también se aplica al copywriting publicitario. Evita comentarios etéreos o bromas existenciales. Al contrario, trabaja duro para transponer de manera sucinta y clara el "valor de tu producto" en palabras claras y convincentes.

Principio 8: Utiliza El Poder De Las Palabras

Las palabras tienen una increíble cantidad de poder. Y es importante tener en cuenta este poder cada vez que te sientas a escribir.

Los sinónimos pueden transmitir significados similares, pero su influencia psicológica puede ser completamente diferente. Por ejemplo, toma las palabras triste y devastado, y piensa en la diferencia entre ellas. La palabra "devastado" es un término más pesado, y denota más que la simple melancolía diaria.

Tales emociones pueden venir empaquetadas en palabras. Y, cuando se usan correctamente, incitan al lector a estar ansioso, curioso o entusiasmado por saber más.

Aquí hay una lista de algunas palabras poderosas que puedes usar en tus titulos y anuncios:

- sensacional
- prisa
- querido
- reto
- ayuda
- milagro
- alarmante
- notable
- increíble

Aquí hay algunas palabras que fomentan la inclusión:

- Unirse
- Vamos
- Hazte miembro
- Conviértete en un experto
- Se uno de los pocos

Aquí hay algunas frases que implican exclusividad:

- Ofertas exclusivas
- Se nuestro beta tester
- Solo para miembros
- Disponible solo para suscriptores
- Únicamente por invitación
- Consíguelo antes que los demás

Principio 9: Diles Por Qué Deberían Escucharte

Tienes que dar a la gente una razón para escuchar tu mensaje.

Para lograr esto, los copywriters a menudo recurrirán a la autoridad, recurrirán a datos de investigación o confiarán en el respaldo de celebridades. Mientras escribes tu copy, ponte en el lugar del lector y sigue preguntándote:

- ¿Por qué la gente debería seguir lo que digo?
- ¿Por qué deberían escucharme?
- ¿Por qué la gente debería tomar mi sugerencia?
- ¿Cómo hará mi producto para que las personas sean más felices o más saludables?
- ¿Cómo mi copy hará que las personas estén más interesadas en mi oferta?
- ¿Qué problemas comunes o complejos resolverá o evitará mi copy?

Principio 10. Escribe Para Un Prospecto Objetivo

En definitiva, estamos escribiendo para una persona. No es para un grupo o una multitud.

Por lo tanto, agrega un toque personal al copy al hablar sobre los deseos y problemas de un posible cliente potencial. Haz que esa persona se sienta especial al referirte a él como si lo conocieras desde hace mucho tiempo, y sepas exactamente de dónde viene.

Principio 11. Siempre"Rompe" Tu Copy

Nunca publiques un "muro de texto". Un "muro de texto" es un párrafo de copia, que simplemente contiene palabras, sin saltos de línea, texto en negrita, cursiva o viñetas. Esto no es divertido para los lectores. A los lectores les gusta que el texto se divida en grupos lógicos. Destacar (en negrita) palabras importantes. Y usar una fuente interesante cuando sea apropiado.

Usa oraciones cortas y concisas. Escribir líneas cortas no significa perder información sobre tu producto. Si deseas que tu copy se venda, debes escribir sus beneficios más esenciales de manera inteligente y en pedazos pequeños.

Mientras escribes, imagina siempre que tu lector tiene prisa.¿Qué leería alguien apurado? ¿Un vasto muro de texto que parece salido de un libro de texto de biología de la universidad?

No lo creo.

Tu mensaje debe estar contenido en un copy que sea ligero y fácil de digerir. Pequeños fragmentos de texto facilitan a tus clientes navegar a través de tus palabras y aprovechar al máximo la información en el menor tiempo posible.

Principio 12. Crea Un Sentido De Urgencia

Vender con anuncios se trata de cambiar la opinión de una persona sobre un producto, de "debo tener eso" a "debo tener eso ahora".

Como escribió Charles Bukowski, "no hay nada peor que "demasiado tarde"".

Los humanos son criaturas reacias a la pérdida. Y odian perder un buen trato, particularmente en las cosas que más quieren. Aprovecha este fenómeno con tu copy y empuja a tu audiencia hacia la compra.

Por lo general, en los sitios web, esto se hace agregando una cuenta regresiva animada. Pero, incluso en el marketing más tradicional, los plazos se utilizan muy seguido, como "La venta termina el domingo" o "Solo disponible el Black Friday".

En cualquier caso, recuerda siempre que crear un sentido de urgencia a menudo estimula a las personas a tomar acción.

Principio 13. Agrega Credibilidad Con Hechos Y Estadísticas

Los hechos y los datos estadísticos visuales hacen que tu copy sea convincente y agregan credibilidad a su contenido. Los datos y las estadísticas (particularmente interesantes) son una de las mejores maneras de ganar la confianza del consumidor.

Insertar datos y estadísticas mejorará la autoridad de tu copy, y te presentará como un experto.

Principio 14. Construir Pruebas Sociales

Supongamos que estás buscando productos online y ee encuentras con dos productos de la competencia.

- Un producto tiene miles de críticas positivas (de verdaderos admiradores).
- Y el otro producto fué recién lanzado ayer (y no tiene comentarios).

¿Qué producto crees que obtendrá más ventas hoy?

Como todos sabemos, el producto con más reseñas generalmente gana. El cerebro tiene preferencia: seguir el comportamiento de la multitud, en casi cualquier circunstancia. Este es el comportamiento natural del consumidor.

Las reseñas y calificaciones del sitio web son la mejor forma de "tu presencia social" online. La presencia social online a menudo se considera el motivador más poderoso en la decisión de compra. Y, para nuevos productos, puede ser la característica más difícil de obtener.

Las típicas formas de presencia social en los copys son:

- Recomendaciones de clientes
- Estudios de caso

- Clasificaciones destacadas
- Insignias de certificación
- Premios Elección del Editor
- Respaldo de Médicos y Profesionales.
- Respaldo por parte de Líderes de la Industria.

Principio 15: Prueba Tu Copy Y Conserva Lo Que Funciona

El copywriting efectivo no es algo natural para todos. Es un ejercicio creativo, que debe perfeccionarse con el tiempo. Pero, eventualmente, debes lanzar tu copy y ver cómo funciona. Y es aquí donde los copywriters a menudo cometen el error de creer que han escrito el mejor anuncio conocido por el hombre, y que seguramente aumentará las ventas en cualquier momento.

Pero no caigas en esta trampa. Existe un sesgo cognitivo llamado Efecto IKEA, en el que los consumidores otorgan un valor desproporcionadamente alto a los productos apenas creados. Entonces, después de horas de escritura laboriosa, tu cerebro naturalmente valorará tus palabras escritas más de lo que probablemente deberías.

La única prueba verdadera de tu texto publicitario es si realmente logra convertir lectores en clientes.

En el pasado, las compañías de marketing a menudo nunca estaban muy seguras de cuán efectivo era un mensaje dado. Aún así, hasta el día de hoy, la efectividad de los anuncios que aparecen en los medios tradicionales (como la televisión y la radio), a menudo solo se puede medir por medios indirectos. Pero, gracias al advenimiento de las métricas de publicidad online, medir la tasa de conversión de un anuncio web es más fácil y bastante cuantificable.

En consecuencia, cuando uno de tus anuncios web no funciona, hay una tendencia a insistir en que el ímpetu de tu falla proviene de fuerzas auxiliares, como la mala calidad del tráfico o la oferta. Y, de hecho, a veces esto es cierto. Pero prepárate para considerar que el copy en sí (sí, tu propia pequeña creación), también podría ser la causa.

Ch. 6: El Llamado A La Acción

En los capítulos anteriores, hemos discutido el título y el copy del anuncio. Ahora viene la tercera y última parte de un marco publicitario típico: el "Llamado a la acción".

Recuerda que el "Llamado a la acción" es el contenido al final de tu mensaje, que le dice al lector (o espectador u oyente), qué quieres que haga a continuación. Al igual que con todo lo demás en el copywriting publicitario, la naturaleza de la llamada a la acción dependerá del medio en el que estés escribiendo.

- Si tu anuncio se transmite por **radio** , entonces el Llamado a la acción podría ser un número de teléfono al que debe llamar el oyente.
- Si estás escribiendo un **correo electrónico**, la llamada a la acción suele ser un enlace, en el que deseas que el lector haga clic.
- Si tu copy está en la página de presentación de un **sitio web,** entonces tu Llamada a la acción suele ser un botón en la página, lo que lleva a un formulario web de algún tipo.

Cualquiera sea el medio que elijas, los principios subyacentes de la Llamada a la acción son los mismos. Es el último paso, donde le pedimos a nuestra audiencia que tome una decisión con respecto a nuestra oferta. Si hasta ahora has tenido éxito en mantener a tu objetivo interesado en tu producto, entonces la Llamada a la acción es donde decides "apretar el gatillo". Esto a menudo implica comprar un producto. Pero puede ser algo tan simple como compartir un enlace en Twitter o (quizás lo más común en estos días) escribir tu dirección de correo electrónico en nuestro cuadro de suscripción de correo electrónico.

En cualquier caso, hemos enumerado algunos principios de Llamado a la acción a continuación.

Principio 1: Aclara Las Opciones

Internet es un lugar complicado. Y cuando le presentas a las personas demasiadas opciones, entonces es fácil para ellos sentirse ansiosos, molestos y confundidos.

En cualquier anuncio, puedes tener múltiples formas de hacer convertir a un lector. Particularmente cuando se trata de un copy de una página web, puede haber docenas de formas de hacer convertir a un usuario en una página.

- Puedes vender docenas de productos.
- Puedes tener diez botones para compartir en las redes sociales.
- Es posible que tengas varios buzones de correo electrónico, zumbando alrededor de su pantalla.

Es fácil causar sobrecarga de información y ahuyentar a tu lector.

Entonces, cuando estés elaborando la Llamada a la acción, intenta limitar las opciones del usuario a una o tres opciones. Por lo general, deseas que el usuario:

- Llame a un número de teléfono.
- Haga clic en un enlace para obtener más información.
- Haga click para descargar.
- Haga clic para agregar algo al carrito de compras.

Estas son las típicas llamadas a la acción con las que todos estamos familiarizados. Tu lector también lo está. Y debes hacer que su proceso de decisión sea lo más fácil posible, manteniendo tu Llamada a la Acción visible y familiar.

Principio 2: La Escasez Es Poderosa

¿Alguna vez ha estado considerando la compra de un producto en Amazon o eBay, y notaste ese pequeño fragmento de texto rojo que dice: "¡Date prisa, solo quedan 3 artículos!"

- ¿Cómo te hace sentir ese texto?
- ¿Cómo te sentirías si, en el momento en que decidiste comprar, alguien más te arrebatara tu producto primero?

Es un sentimiento horriblemente frustrante, y todos hemos estado allí.

La escasez, y el miedo a perderse, es un poderoso desencadenante en la psique humana. Es por eso que parece que hay tantos llamados a la acción que cuentan con tales trucos. Por lo general, se presentarán junto a un medidor, lo que nos indica cuántos productos quedan. O, un reloj de cuenta regresiva animado, que nos muestra cuánto tiempo tenemos para comprar (antes de que se agote el reloj).

Si estos dispositivos son reales o artificiales, a menudo no importa. Trabajan para engañar a nuestros cerebros para que tomen medidas, que es lo que el copywriter quiere que hagamos.

Principio 3: Ofrecer Un "Bono Gratis"

¿Alguna vez has visto esos infomerciales de televisión a altas horas de la noche y te has preguntado por qué siguen lanzando "artículos extra" adicionales?

- "Compre el trapeador Widget-9000 y obtenga un cubo de plástico gratis".
- "Compre la cafetera Expresso-500 y obtenga una taza de café gratis".

Por alguna razón, agregar bonos adicionales a los productos en el Llamado a la Acción funciona.Y puede ser el último dato de persuasión que empuja a tu lector al límite.

Principio 4: Use "Blasfemias Ligeras"

Algunas investigaciones han demostrado que la inserción cuidadosa de malas palabras en un llamado a la acción genera más ventas. Por ejemplo, la oración "Actúa ahora, porque este es un trato bastante bueno", contiene la palabra "maldición" y sorprende al lector un poco desprevenido.

Este es un truco dependiente del producto, por supuesto. (Probablemente nunca usarías malas palabras en un anuncio de anillos de diamantes). Pero puede ser útil en otros productos (dominados por hombres), como la electrónica y el equipo estéreo.

Principio 5: No Olvides El Llamado A La Acción

Puede que te sorprenda al saber que el error más común que vemos en la copywriting de textos publicitarios (y especialmente en el copywriting de contenidos) es cuando el copywriter simplemente no incluye ningún tipo de Llamado a la acción.

- Pregúntate cuántas veces en tu vida te has encontrado desplazándote por una página web, solo para llegar al final y no saber realmente en qué se suponía que debías hacer clic.
- Pregúntate cuántas veces haz estado en un sitio web, y diez minutos después, todavía no estabas seguro de lo que estaban vendiendo, ni si vendían (o no) algo.

El llamado a la acción debe decirle claramente a tu audiencia qué hacer a continuación. Y, lo que obtendrán, si siguen tus instrucciones.

Especialmente, en el mundo online, los copywriters tienden a ser demasiado vagos con sus llamados a la acción. Y dejan a sus lectores preguntándose en qué hacer clic al final. Como le gusta decir al gran diseñador de Experiencia de Usuario Richard Littauer, siempre debemos:

"Diseñar como si el usuario estuviera borracho".

Lo que significa que la "claridad y brevedad" son de suma importancia al elaborar el Llamado a la Acción. Pregúntate: "¿Sabría una persona borracha qué hacer después de leer mi copy?"

Está bien ser creativo, pero debes ser directo y claro. Usa pocas palabras (solo las más esenciales), analiza tu elección de palabras, haz que cada palabra cuente y (lo más importante) díle al usuario qué quieres que haga al final.

Ch. 7: Copywriting Para Correos Electrónicos

Como muchos vendedores de Internet te dirán, la construcción de una lista de correo electrónico generalmente se promociona como la mejor manera de llegar a clientes nuevos (y existentes). Cuando se configura correctamente, tu brazo de marketing por correo electrónico puede servir como una "máquina de venta automatizada", que automáticamente y continuamente alimenta a tus clientes con información sobre tus productos.

El marketing por correo electrónico convincente comienza por atraer a la audiencia adecuada y comprender qué estilo de escritura genera la mejor respuesta en ellos. Los mensajes de correo electrónico son mucho más íntimos y específicos que la publicidad tradicional, por lo que puedes adoptar un tono más amigable y personal a lo largo del mensaje.

El "Campo De Asunto" Es El "Título"

El copywriting de una lista de correo electrónico comienza con el título. Los mismos principios de generación de títulos que hemos discutido en capítulos anteriores, se aplican también al título del correo electrónico. Pero, con el correo electrónico, el título no es un texto en negrita, colocado encima de una página. En cambio, para el marketing por correo electrónico, el título es en realidad el "campo de asunto" del correo electrónico.

El campo de asunto es el primer fragmento de texto que el usuario verá en su aplicación de correo electrónico cuando le envíes un mensaje. Esta es la primera oración que él mirará, antes de decidir abrir el mensaje o no.

El Poder Del Enfoque

Una de las características más importantes del marketing por correo electrónico radica en comprender cómo se percibe el mensaje y cómo esta interacción es diferente a las otras formas en que las personas se comunican.

¿Alguna vez has estado en el trabajo y un colega te envió un correo electrónico con 10 preguntas diferentes? ¿Has notado que puede ser difícil abordar múltiples puntos en un solo correo electrónico? Esto se debe a que el correo electrónico funciona mejor cuando transmite una o dos ideas. Y no mucho más que eso.

Esto también se aplica a los correos electrónicos de marketing. Recuerda, tu correo electrónico caerá en la bandeja de entrada de una persona ocupada, que ya recibió otros 30 correos electrónicos ese día. Por lo tanto, si el contenido de tu correo electrónico consiste en un largo catálogo de productos, que detalla todas las características de los 900 productos ofrecidos por tu empresa, entonces este correo electrónico simplemente se eliminará.

Por ello, antes de enviar tu correo electrónico, pregúntate: "¿Cuál es la acción importante que me gustaría que este usuario haga hoy?"

Esa acción podría ser:

- Leer el correo electrónico y obtener información sobre el cupón de oferta de Black Friday.
- Ser notificado del lanzamiento de tu nueva aplicación de software.
- O bien, que se le ofrezca un código de cupón para una compra futura.

Lo importante es que centremos nuestro contenido y redactemos nuestros correos electrónicos con una acción importante en mente.

Es mejor enviar múltiples correos electrónicos durante muchos meses, que enviar solo un correo electrónico, e intentar incluir cada mensaje publicitario que tu empresa haya producido.

La Fecha Límite

El objetivo típico en el marketing por correo electrónico es obligar al suscriptor de correo electrónico a realizar una acción, generalmente en el momento justo después de leer el contenido de tu correo electrónico. Tu facilitas este proceso y alientas a tus lectores a "hacer clic en ese enlace" cuando invocas algún tipo de restricción de tiempo.

En el mundo real, cada cupón y cada venta tienen una fecha de vencimiento, ya sea que se imprima explícitamente en el cupón o no. Por lo tanto, en tus correos electrónicos, asegúrate de recordarle constantemente al usuario que "esta oferta no durará para siempre".

Por lo general, cuando se inicia una gran venta, los especialistas en marketing enviarán una serie de correos electrónicos, cada uno de los cuales hace referencia al "último día de la venta". Lo más importante, el vendedor inteligente pondrá una indicación en la copia, del tiempo que aún queda en la venta. Por ejemplo, un típico "correo electrónico de cuenta regresiva" podría decir:

- "Solo quedan 3 días en la gran venta de Navidad".
- "Terminaremos esta venta a medianoche en la víspera de Año Nuevo".
- "¡La venta del regreso a clases termina el próximo lunes!"

Por lo tanto, sea cual sea tu oferta, intenta inculcar un sentido de urgencia, para convencer al lector de que haga clic. Y considera mencionar esta fecha límite inminente en el copy del correo electrónico, así como en el campo del asunto del correo electrónico. Recuerda, la escasez es un poderoso disparador.

El Posdata

Al final del correo electrónico, considera seriamente agregar un posdata (o ps). Como han notado varios notables especialistas en marketing por correo electrónico, las personas tienden a leer la primera oración y la última oración del correo electrónico. Y cuando insertas un posdata, tiendes a atraer la atención hacia la parte inferior del lienzo del mismo.

Por lo tanto, considera agregar la información más importante aquí. A menudo, el área de posdata se utiliza como una oportunidad para transmitir urgencia. Por ejemplo, podrías escribir:

- PD: este es el mayor descuento que hemos ofrecido, y la venta finalizará el martes.
- PD: eliminaremos esta página de ventas la próxima semana, así que échale un vistazo ahora.

O bien, puedes usar el área de Posdata como una forma de reducir la ansiedad y la indecisión. Me gusta:

- PD: Este software funciona en PC y Mac.
- PD: Usted recibe 30 días para reembolsar el producto si no le gusta.

Se ha demostrado que los postscripts aumentan los clics de los compradores y generan una mayor participación del usuario.

Seudonimo (O Firma De Cierre)

Cuando finalmente es hora de finalizar el correo, es mejor cerrar la sesión con su nombre o seudónimo. Queremos recordarles a los suscriptores dos cosas: quién eres tu y qué vendes.

La mayoría de las personas que se suscriben a tu lista de correo electrónico no leerán todos los correos que produzcas. Es posible que se hayan suscrito hace meses (a menudo hace años). Y cuando finalmente consiguen hacer clic en uno de tus correos electrónicos, es posible que no tengan idea de quién eres. Pero esto no significa que no te comprarán algo.Todo lo contrario. A veces, las personas permanecerán inactivas (y sin interés) en una lista de correo electrónico durante años, antes de que un mensaje aleatorio atraiga su atención y las convierta en un cliente que paga. Por lo tanto, generalmente es útil firmar tu correo electrónico con algún tipo de nombre reconocible y tal vez un eslogan de la compañía, para recordar a tus suscriptores lo que proporcionas. Los ejemplos típicos incluyen:

- Peter Holland - Reparación profesional de automóviles
- Kerry Underwood - Dueña de Toronto Video Productions
- Jim Peterson - CEO de PoolAndSpa.com

Observa cómo, en estos tres ejemplos, está claro con quién estamos hablando y cuál es su línea de trabajo. Esta notoriedad es importante online.

Escribir Boletines Convincentes Por

Correo Electrónico.

No todos los mensajes de correo electrónico están diseñados para vender algo, al menos no de inmediato. Muchos sitios web utilizan su lista de correo electrónico como un "boletín informativo", para notificar a un grupo de suscriptores sobre productos o eventos que puedan interesarles.

El famoso sitio web de noticias DrudgeReport.com actualmente recibe tres millones de visitas a la página por día, pero originalmente se inició como un simple boletín por correo electrónico, escrito y enviado desde el departamento de Matt Drudge en Hollywood, California.

Entonces, ¿qué tipo de contenido podemos incluir en nuestros boletines por correo electrónico para que sean tan atractivos como los de Drudge?

Bueno, primero describamos qué contenido no queremos incluir.

En primer lugar, los boletines de correo electrónico con mayor éxito financiero tienden a ser extremadamente simples. Solo texto negro sobre un fondo blanco. Los correos electrónicos llamativos, con información del producto, gráficos irrelevantes y promociones llamativas, tienden a confundir a los usuarios. Y puede ser desagradable.

- ¿Piensa en cómo se ven los correos electrónicos a los que normalmente respondes?
- ¿Cómo se ve un correo electrónico de tu mejor amigo?
- ¿Tu amigo incluye banners y gráficos elegantes en su contenido de correo electrónico?

Por lo general no.

Recuerda, el marketing por correo electrónico funciona mejor cuando es simple e íntimo. Piensa en cada uno de tus suscriptores como tu amigo. ¿Por qué? Porque queremos que tus suscriptores de correo electrónico se sientan como si estuvieran hablando con un amigo. Idealmente, prestarán atención a lo que estás haciendo y se entusiasmarán con recibir tus mensajes.

El cuerpo del copy de tu boletín debe tener un toque personal. Debería ser una combinación de gran contenido y narración de historias .¡Y también tómate un tiempo para preguntarle a tu lector sobre su opinión!

Intenta convertirte en la persona que le encanta escuchar. Esto es fácil de lograr si el producto o servicio que estás vendiendo realmente proporciona un valor real a sus vidas. Ofrece a tus suscriptores algo que puedan aprovechar y muéstrales cómo pueden usar lo que estás ofreciendo.

Temas Para Boletines Electrónicos

Para mantener el compromiso con tus suscriptores, a menudo es mejor discutir temas nuevos y novedosos. Esta puede ser una tarea difícil de mantener, especialmente si has estado escribiendo sobre el mismo tema durante años.

Pero, aquí hay algunos consejos, para producir nuevas ideas de manera consistente.

1. Crea un diario o mantén un registro de cada tema del boletín que hayas creado para tus suscriptores. Preferiblemente, mantén cada archivo de correo electrónico en una aplicación que te permita hojear fácilmente cada mensaje, en orden cronológico. Esto es útil, porque evita que se convierta en un registro roto y envíes el mismo mensaje, una y otra vez.

2. Puedes obtener ideas novedosas en Google utilizando las funciones "La gente también pregunta" o las "Búsquedas relacionadas de Google" en la página de resultados del motor de búsqueda de Google. Estas áreas están diseñadas para mostrarte lo que otras personas (como tu) también se preguntan. Por lo tanto, casi siempre contienen información relevante. Por ello, a medida que escribas consultas (relacionadas con tu nicho), presta atención a estas otras áreas en google y observa si algún tema auxiliar te llama la atención.

3. Usa plataformas de redes sociales como Reddit y Quora, para encontrar temas sobre los que se preguntan otras personas en tu nicho. Estos sitios web suelen ser una oleada de actividad y puedes encontrar a alguien haciendo una pregunta en casi todos los temas imaginables.

4. Una fórmula popular para crear contenido en boletines por correo electrónico es *Vida + Sujeto = Boletines de Correo Electronico*. En esta fórmula, la palabra vida se refiere a las cosas cotidianas que suceden en tu vida (generalmente con familiares, niños y amigos). Y, la palabra sujeto se refiere al tema sobre el que deseas educar a tus suscriptores. Por ejemplo, puedes comenzar por su correo electrónico hablando de cómo has tenido problemas para que tu bebé duerma toda la noche. Y luego mencionas cómo tu producto de control de bebés te ha ayudado a controlar a tu hijo sin

perturbar su sueño. El objetivo es darles a tus suscriptores un mensaje con el que puedan relacionarse y mostrarles los beneficios de tu producto o servicio de manera informal.

5. Habla directamente con tus suscriptores. Trata de evitar la palabra "nosotros" y usa más las palabras "yo" y "tu". Esto hará que tu suscriptor se sienta directamente involucrado en la conversación. Y es más probable que lea el contenido del correo electrónico.

6. Ayuda más y vende menos. A la gente no le gusta que la busquen en correos electrónicos personales. Pero sí quieren (de hecho) información valiosa, que resolverá sus problemas. Por lo tanto, cuando escribas un copy para tu boletín informativo, intenta poner al menos el 80% del contenido sobre información útil y causal. Y evita la autopromoción o la venta de productos. Demasiada autopromoción desactivará a tus suscriptores y podría hacer que se den de baja.

7. Aprecia el poder de la brevedad. Recuerda, la mayoría de la gente no tiene tiempo para leer un correo electrónico largo. Así que no lo llenes con demasiada información. Si tienes mucho que contarle a tus suscriptores, formatea tu correo electrónico con múltiples titulos o considera vincularlo directamente a la página de presentación de un sitio web o al video de YouTube.

El Buzón De Correo Electrónico

En cualquier discusión sobre copywriting de correos electrónicos, hay un tema que se descuida constantemente. Los copywriters redactarán resmas de texto sobre el propio correo electrónico. Pero a menudo olvidan la parte más importante: el copy para el cuadro de suscripción de correo electrónico.

Para aquellos que nunca han trabajado con listas de correo electrónico, el "cuadro de suscripción de correo electrónico" es ese pequeño cuadro en tu sitio web que le solicita a tu visitante su dirección de correo electrónico. Por lo general, constará de un campo de dirección de correo electrónico, un botón Enviar y una copia que le indica al usuario por qué debería darle su dirección de correo electrónico.

No cometas el error de ignorar el copywriting en esta área. De hecho, muchas empresas viven y mueren basándose únicamente en cuántas direcciones de correo electrónico pueden reunir. Por lo tanto, las palabras que escribas en la casilla de suscripción de correo electrónico pueden ser más importantes que las palabras en el propio correo electrónico.

Dicho esto, enumeremos algunas reglas para el copywriting correcto del cuadro de inclusión voluntaria.

Regla 1: Mantén El Formulario De Suscripción Simple

Mantén el formulario de suscripción lo más simple posible. El error más común que vemos en los sitios web son los formularios que contienen demasiados campos de texto. Como una regla general:

A medida que aumenta el número de campos de texto en tu formulario de suscripción, disminuye el número de usuarios que enviarán el formulario de regreso.

A la gente no le gusta completar formularios. Los formularios son tediosos, cansados y todos los odiamos. Entonces, idealmente, el formulario solo debe tener dos entradas: un campo para la dirección de correo electrónico del usuario y el botón de envío. Eso es todo.

Esto no siempre es posible en algunos sitios web, por supuesto. Por ejemplo, si está recopilando datos para una verificación de antecedentes crediticios o una solicitud de seguro, entonces un campo probablemente no funcionará. Pero para la mayoría de las empresas en línea y de comercio electrónico, simplemente obtener la dirección de correo electrónico del usuario está bien.

Regla 2: Haz Que Tu Formulario De Suscripción Sea Fácil De Encontrar

La mayoría de los sitios web cometen el error de hacer que el formulario de suscripción sea demasiado difícil de encontrar o de cerrarlo para el usuario. Idealmente, encontrarás un término medio en algún lugar. Por lo general, los formularios de suscripción estáticos funcionan mejor cuando se colocan en la esquina superior derecha de cada página de un blog y en la parte inferior de cada publicación del blog.

También puedes utilizar formularios de suscripción "popout". Estos obtienen tasas de conversión más altas. Pero ten en cuenta que tienden a molestar a los usuarios. Y si tu formulario aparece más de una vez, puedes asustarlos.

Regla 3: Tu Usuario Debe Saber Por Qué Se Está Registrando

Desafortunadamente, la mayoría de los sitios web no les dan a sus visitantes una razón para registrarse en su lista de correo electrónico. El mensaje del copywriting de las casillas opcionales podría ser una oración, que exclame:

"¡Suscríbete a nuestro boletín!"

Como debería ser obvio, para un nuevo visitante del sitio web, esta oración no es muy convincente. Con las casillas de suscripción de correo electrónico, es importante que el usuario sepa exactamente qué beneficio inmediato obtendrá, después de entregar su dirección de correo electrónico.

- ¿Recibirá un cupón después de registrarse?
- ¿Obtendrá un mapa imprimible gratuito de Hollywood?
- ¿Tendrá acceso a una llamada de consultoría privada?

Si deseas que se registren nuevos visitantes, debes dejar el incentivo claro como el cristal .Y, de hecho, siempre debe haber algún incentivo de cualquier tipo. Por lo general, los propietarios de sitios web utilizan obsequios informativos gratuitos. Puede tratarse de un PDF, una imagen o algún otro tipo de recurso digital descargable.

En cualquier caso, solo ten en cuenta el hecho de que las personas generalmente necesitan una razón para realizar una acción. Tu copy debe poder responder fácilmente a las preguntas más importantes de los clientes :

"¿Qué hay para mi ahí dentro?"

Regla 4: Usar Una Prueba Social

Como con cualquier otro aspecto de la interacción humana, la prueba social es (consistentemente) uno de los motivadores más poderosos. Por lo tanto, también es útil usar este activador en el copy del cuadro de suscripción. Prueba uno de los siguientes borradores de texto debajo del botón de enviar:

- Díle a tu usuario cuántas otras personas ya se han registrado en tu lista de correo electrónico. Por ejemplo, di: "¡Más de 9,000 personas ya se han inscrito!"
- O intenta mostrar un testimonio de un cliente debajo del botón. Esto funciona mejor cuando muestras una imagen de la cara de un cliente satisfecho y un globo de texto, con una cita de él, que dice algo como: "Este contenido me permitió triplicar el crecimiento de mis ingresos el último trimestre".

Tales ejemplos de prueba social dan autoridad e indican que vale la pena suscribirse a tu lista de correo electrónico.

Regla 5: Dale A Tus Prospectos Una Forma De Salir

A la gente no le gusta tomar la decisión equivocada. En los momentos antes de que el cerebro participe en una acción, se le presenta un momento de duda. Una ráfaga de ansiedad se apresura a través de su corteza cerebral, y se preguntan: "¿Realmente debería estar haciendo esto?"

Como copywriters, podemos aliviar este estrés ofreciendo un texto tranquilizador debajo del punto de acción. ¿Alguna vez te has preguntado por qué tantos infomerciales de televisión exclaman: "Puedes cancelar en cualquier momento!" o "¡Garantía de devolución del dinero de 30 días!" Bueno, esta es la razón.

Por lo tanto, considera finalizar tu casilla de suscripción con una frase que dice algo como:

"Puede darse de baja en cualquier momento".

Tales frases hacen que tu cliente se sienta tranquilo y le da la seguridad de un hipotético paracaídas mágico.

Ch. 8: Cómo Mantener Tus Correos Electrónicos Fuera Del SPAM

Uno de los aspectos más desafiantes del marketing por correo electrónico es simplemente mantener tus correos electrónicos fuera de la carpeta de Spam (o correo basura). Nadie va a leer el contenido de tu correo electrónico, si en realidad nunca lo recibe. Por lo tanto, pensamos que era conveniente incluir un capítulo sobre cómo los dioses del correo electrónico determinan cuales de ellos son dignos de la bandeja de entrada y cuales van directamente al correo basura, o (más recientemente) a la carpeta "Promociones de Gmail".

Los algoritmos que realizan la tarea de ordenar el correo electrónico son complicados, cambian constantemente y son información ultra secreta. Los programadores de Gmail no le dirán a nadie cómo funcionan sus filtros de spam, por supuesto. Sin embargo, a través de una gran cantidad de experimentación (y después de enviar muchos, muchos correos electrónicos), tenemos una muy buena idea sobre qué factores están en juego.

A continuación, enumeramos estos factores. Comprende que cualquiera de estos atributos no debe considerarse como unico. Más bien, la decisión de ignorar cualquier mensaje de correo electrónico dado, probablemente se basa en un análisis compuesto, de un cóctel de factores. Dicho esto, si bien nunca podemos saber completamente cómo funcionan los filtros, si puedes evitar los siguientes escollos en tu campaña de marketing, lo más probable es que tengas una tasa de clics más alta que tus competidores.

Factor 1: ¿Qué Proveedor De Correo Electrónico Utiliza Tu Cliente?

Hemos mencionado a Gmail varias veces en este libro porque Gmail tiene la mayor participación en el mercado de correo electrónico con un 53%. Yahoo y Outlook estan un distante segundo y tercer lugar. Estas estadísticas variarán de un nicho a otro. Pero lo más probable es que si tienes una lista de correo electrónico de la empresa, la mitad de sus suscriptores estarán en Gmail.

Debido a este hecho, los vendedores de correo electrónico tienden a centrarse en el comportamiento particular de procesamiento de mensajes de Gmail, en comparación con los otros proveedores de correo electrónico. Pero ten en cuenta que cada proveedor utiliza su propio sistema. El mismo correo electrónico que envíes podría recibirse fácilmente en Yahoo, pero rechazarse en Gmail.

Factor 2: ¿El Correo Electrónico Proviene De Un "Servidor Sucio"?

Uno de los filtros de spam más importantes se basa en el historial del servidor que envía el correo electrónico. Cada proveedor de correo electrónico mantiene una lista de servidores "buenos y malos". Un mal servidor es una computadora que no hace nada más que recibir correos electrónicos no deseados, todo el día y toda la noche, generalmente tratando de venderle pastillas de Viagra o estafas bancarias del Consulado de Nigeria. Debido a que cada computadora en Internet tiene su propia dirección IP única, es bastante fácil para los proveedores de correo electrónico simplemente mantener un registro de dichos servidores malévolos. Y luego, cuando reciben un correo electrónico de uno de estos servidores, lo marcan y lo envían directamente a su carpeta de correo no deseado, para que no le moleste.

Ahora, algunos servidores son más sucios que otros. Entonces este negocio no es tan claro. Pero, en cualquier caso, tal vez la mejor manera de evitar este conflicto, es utilizar una empresa acreditada para alojar su lista de suscriptores y enviar sus correos electrónicos. Los autorespondedores buenos toman en serio las direcciones IP de sus servidores. Y trabajan duro para tratar de evitar que sus servidores sean incluidos en la lista negra como un servidor de "spam".

Si estás buscando un proveedor de correo electrónico, lo mejor es ir con una empresa de buena reputación. Aweber, MailChimp, iContact, InfusionSoft son cuatro de los grandes nombres en el mercado en este momento.

Factor 3: ¿El Usuario Te Ha Respondido Antes?

Gmail mantiene un historial de interacción con cada correo electrónico. Por lo tanto, si puedes hacer que el usuario responda a uno de tus correos electrónicos, entonces el siguiente que le envíes tendrá más posibilidades de comunicarse con él.

Gmail sabe que, si el usuario sigue respondiendo a una dirección de correo electrónico, esa dirección probablemente tenga valor para él. Por lo tanto, tiene sentido que te asegures de que todos los correos electrónicos futuros de esta dirección lleguen.

Factor 4: ¿El Usuario Ha Hecho Clic En Tus Enlaces De Correo Electrónico Anteriormente?

Recuerda, en el marketing por correo electrónico, el llamado a la acción es el enlace en sí, que colocamos en varios puntos de nuestros mensaje. Si un usuario tiene un historial de clics en los enlaces (incluidos en los correos electrónicos que le envías), se puede suponer que el usuario está obteniendo valor de tus enlaces. Por lo tanto, obtener un CTR (porcentaje de clics) alto probablemente también lo ayude a superar los filtros de spam.

Factor 5: ¿ Otros Usuarios De Gmail Han Hecho Clic En El Botón SPAM De Su Correo Electrónico?

Cuando estés usando Gmail, mira hacia arriba en la fila superior de botones en la interfaz y observa el pequeño signo de exclamación gris que dice: "Informar Como Spam". Cuando presionas este botón, inmediatamente etiquetas el mensaje de correo electrónico abierto como spam. Pero, no solo Gmail se deshace de ti, sino que también crea una nota en tu propio registro de spam.

Recuerda, el 53% de tus destinatarios de correo electrónico usarán Gmail. Supongamos que envías un correo electrónico el lunes por la mañana a 100 personas. La expectativa es que 53 de estas personas usen Gmail. Ahora supongamos que, de este conjunto de 53 usuarios, a las primeras 10 personas que abrieron tu mensaje no les gustó e hicieron clic en el botón gris Informar como Spam.

Cuando las siguientes 10 personas inicien sesión para revisar su correo electrónico, Google ya sabe que a las 10 personas anteriores no les gustó. Esto probablemente afecta la forma en que Google clasifica este correo electrónico, así como cualquier correo futuro que envíes esa semana. Google está utilizando este sistema de "sabiduría de las multitudes" para permitir que la multitud dicte qué es "spam" y qué no.

Entonces, hagas lo que hagas, no produzcas correos electrónicos de baja calidad, que las personas son propensas a considerar como "spam". Porque, incluso si no es así, podría percibirse de esa manera. Y eso puede afectar tus futuras campañas de correo electrónico.

Factor 6: ¿Tiene El Correo Electrónico Algún Código De Seguimiento?

Cuando las personas reales se envían correos electrónicos entre sí, no ponen códigos de seguimiento. Pero los servicios de autorespuesta sí. Desafortunadamente, los códigos de seguimiento a menudo se consideran necesarios para evaluar la efectividad de una campaña.

Sin códigos de seguimiento, es difícil saber cuántas personas abren tus mensajes o hacen clic en tus enlaces. Pero con los códigos de seguimiento, tu correo electrónico podría ser marcado como spam.

Ahora, el desencadenante no es tan simple, por supuesto. Los códigos de seguimiento son solo un factor y, en comparación con los otros factores que discutimos en este libro, es muy probable que sean menores.

Factor 7: ¿Ya Has Visto Este Correo Electrónico Hoy?

A Gmail no le gusta cuando su usuario recibe el mismo mensaje una y otra vez. Entonces, si estás enviando exactamente el mismo correo, en varias ocasiones durante el día, probablemente sea una mala señal. Además, si redactas un correo electrónico largo, pero luego solo cambias una oración o dos, esto también es probablemente suficiente para invocar su ira.

Por lo tanto, siempre envía contenido único a tus suscriptores.

Factor 8: ¿El Contenido Del Correo Electrónico Es Demasiado "Light"?

Hemos realizado nuestros propios experimentos utilizando el correo electrónico que consta de solo dos o tres oraciones, y otros que contienen contenido extenso, utilizando un lenguaje comercial. Los correos electrónicos largos tienden a ser rechazados menos que los correos cortos, especialmente aquellos que tienen un tono "informal de negocios".

Esta es una generalización, por supuesto. A veces, los correos electrónicos cortos son garantizados. Pero, cuando estás considerando la longitud de tu correo, generalmente es mejor apuntar a más de 150 palabras. Y evita errores ortográficos y gramaticales.

Factor 9: ¿El Correo Electrónico Contiene Palabras De "Venta"?

Parte del contenido del correo electrónico es fácilmente detectado como "spam" o "vendedor" (tanto por el hombre como por la máquina). Dichos correos electrónicos pueden contener palabras como:

- Compra ahora
- Cupón
- Venta de black friday
- Descuento
- Etc.

Estas palabras indican que estás tratando de vender algo. Y, de hecho, ese es (por supuesto) el objetivo del marketing por correo electrónico. Por lo tanto, en los últimos días de una campaña de marketing por correo electrónico, se debe evitar el uso de tales palabras.

Pero sigue siendo consciente de los tipos de palabras que utilizas en tus mensajes, particularmente en tus "correos electrónicos de contenido de preventa", que son destinados principalmente a "calentar" a una audiencia, antes de que comience la venta real.

Se Agradable Para Tus Suscriptores.

Finalmente, el algoritmo de Gmail considera todos los factores descritos anteriormente (y probablemente muchos, muchos más) cuando decide cómo enrutar tu correo electrónico. Nunca sabremos todas las mecánicas subyacentes de este proceso, así que no pierdas demasiado tiempo intentando desenterrarlo o "jugar" a ser Google. Ese es un juego que no puedes ganar.

En cambio, trabaja duro para escribir contenido que sea agradable para tus lectores y les proporcione productos valiosos que realmente necesiten. Cuando tus esfuerzos de marketing por correo electrónico (y mensajes) son congruentes con los intereses de tus suscriptores, hay poca necesidad de preocuparse por los desencadenantes que hemos especificado aquí. Porque tus usuarios interactuarán de forma natural con tus enlaces y contenido. Y esto evitará el ojo crítico de los algoritmos de Gmail.

Ch. 9: Cuando El Copywriting Se Cruza Con El Diseño De La Interfaz De Usuario

En este capítulo, hablaremos sobre el apasionante y emergente campo del diseño de la interfaz de usuario. Tradicionalmente, los "copywriters publicitarios de antaño" nunca tuvieron que preocuparse por tales asuntos técnicos. Escribían el copy y simplemente se lo entregaban a las impresoras.

Pero, en estos días (como probablemente hayas notado), si estás vendiendo algo, probablemente lo estés vendiendo online. Y eso significa que el copy que escribas (casi siempre) se colocará en en algún lugar de una página web. Además, debido a que muchos copywriters que trabajan también tienen sus propios sitios web o tiendas en línea (como un trabajo secundario o incluso como un trabajo a tiempo completo), muy probablemente tratarás con problemas de diseño textual de la página web en algún momento. Por lo tanto, es valioso tener cierto grado de conocimiento técnico en este campo.

¿Qué Es El Diseño De Interfaz De Usuario?

Entonces, ¿qué es el diseño de interfaz de usuario?

Cada vez que presionas un botón, gira una perilla o activas un interruptor, estás interactuando con una interfaz. Y detrás de esta interfaz, alguien (en algún lugar del mundo), en algún momento, tuvo que sentarse y diseñarlo.

Tenían que tomar decisiones como:

- ¿De qué color debe ser el interruptor?
- ¿Cuándo debo usar un botón en lugar de una perilla?
- ¿Qué tipo de sonido debo usar para este botón?
- ¿Qué texto debo escribir en la parte superior del dispositivo?

A primera vista, pueden parecer preguntas triviales. Pero, en realidad, pueden ser una cuestión de vida o muerte, particularmente cuando se trata de paneles de control de aviones, equipos industriales o dispositivos médicos. Sin embargo, ¡la mayoría de las personas ni siquiera saben que este campo de estudio existe!

Esto posiblemente se deba al hecho de que la industria de diseño de interfaces tiene muchos nombres:

- En el pasado, el diseño de la interfaz de usuario a menudo se llamaba "MMI" (interacción hombre-máquina). Pero ese nombre era demasiado machista ...
- Entonces comenzaron a llamarlo HMI (interacción humano-máquina). Que es un poco confuso porque a

veces cuando la gente dice HMI se están refiriendo al dispositivo de interfaz en sí, a veces significa HMI Interfaz humano-máquina.

- Pero luego llegó el advenimiento de la computación personal: las computadoras ya no se conocen como "máquinas". Entonces cambiaron la "M" a una "C" (Interacción humano-computadora) Las personas que se especializan en interfaces de software o interfaces web pueden usar este término. Pero la población no había adoptado la tecnología en la medida en que lo ha hecho hoy, y este término "HCI" es más un término académico.

- El término más utilizado en estos días es probablemente solo UI (que significa "Interfaz de usuario"). Y esto a menudo se combina con la palabra "Diseño" como en "Diseño de interfaz de usuario"). Y esto a menudo se combina con el acrónimo "UX" que significa "Experiencia del usuario".

- Muy a menudo, estos dos acrónimos se colocan uno al lado del otro. Usualmente escrito como UI / UX (Diseño de interfaz de usuario / Diseño de experiencia de usuario). (Para bien o para mal, estas palabras a menudo se usan indistintamente en la industria).

En cualquier caso, realmente no importa cómo lo llames. Estas son solo palabras elegantes que describen el proceso de obtener nuestra meta deseada. Que es para:

¡Hacer feliz al usuario!

Es decir, cuando diseñamos una interfaz o escribimos un copy para un sitio web, nos esforzamos para que la tarea del usuario (de aprender cuál es nuestro producto y cómo comprarlo) sea lo más fácil posible.

- No queremos confundir al usuario.

- No hacemos que los botones sean difíciles de encontrar.

- No hacemos nuestro texto demasiado pequeño o demasiado grande.

- No le contamos cosas que no necesita saber.

- No hacemos que aparezca información inútil frente a el repetidamente.

En otras palabras, tratamos de no molestar a nuestro usuario.

Nuestro objetivo se resume muy bien en el título del libro del diseñador de interfaces Steve Krug titulado:

"Don't Make Me Think (No Me Hagas Pensar)".

Eso es exactamente

Idealmente, la experiencia del usuario será tan intuitiva, que ni siquiera se le requerirá un pensamiento consciente.

La edición original de "Don't Make Me Think" se publicó hace más de 15 años, y ahora está un poco anticuada. Pero es fácilmente el libro más leído en el campo del diseño de interfaces. Y vale la pena leer la versión actualizada si tienes la oportunidad. Porque es una excelente introducción al diseño de la interfaz de usuario.

No Se Requiere Capacitación Técnica.

Los lectores no técnicos no necesitan ser intimidados por los tecnicismos de nuestra discusión aquí. No estamos hablando de enseñarte a ser programador. Por el contrario, para nuestros propósitos, nos preocupa principalmente la forma en que el texto, los botones y los enlaces se presentan en una página web. De hecho, si solo puedes obtener estos tres componentes correctamente, entonces el resto de los widgets y artilugios que coloques en tu sitio web serán en gran medida irrelevantes.

Además, es posible que te sorprendas al saber que los programadores y los diseñadores web suelen ser mucho peores en el diseño de la interfaz de usuario que los copywriters. ¿Por qué? Porque nunca se les enseñó a construir páginas web que vendan productos a humanos. Por el contrario, los programadores y diseñadores web piensan en términos de algoritmos y elementos HTML. Y a menudo les resulta difícil ver el sitio web desde la perspectiva de un nuevo usuario.

Esto puede sonar contradictorio, pero a medida que profundice en el diseño de la interfaz de usuario, te sentirás continuamente estupefacto por las elecciones de diseño que (a menudo, los desarrolladores con capacidad técnica) suelen hacer.

Hagamos Un Trabajo De UI

Así que ahora, hagamos un trabajo de Diseño de interfaz de usuario (UI). Para este ejercicio, vamos a arreglar la página web de la compañía de software VMWare. Ellos venden una aplicación de software llamada Fusion 7. Y su página de presentación es bastante mala.

Mira la Figura A.

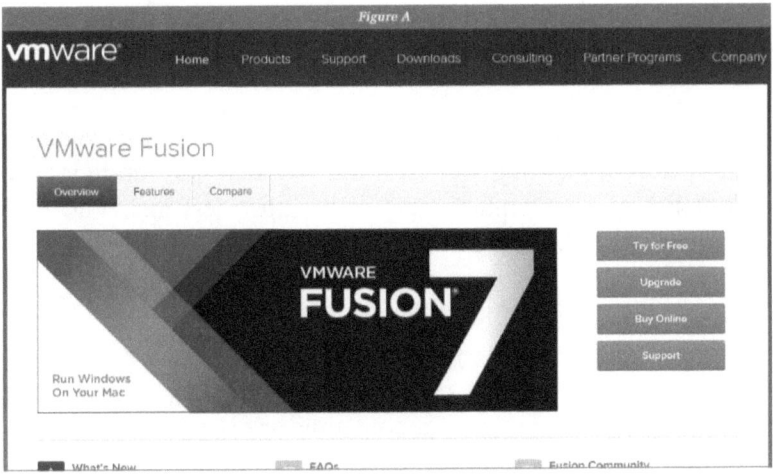

Esta es una captura de pantalla de la página web de Fusion 7, tomada "por encima del pliegue". El término "sobre el pliegue" es un antiguo término de copywriting que se refiere al contenido sobre el pliegue de un periódico. Obviamente, el texto en la primera página de un periódico es el texto más importante en todo el documento. (Este es el texto que las personas ven cuando caminan por el puesto de periódicos).

En el mundo digital, el término "sobre el pliegue" se refiere al contenido en la parte superior del sitio web. Este es el contenido que ves cuando visitas por primera vez un sitio web con tu navegador web, y antes de desplazarte hacia abajo en la página. (Afortunadamente, VMware ha realizado algunas mejoras en su página web en los últimos años. Pero así es como se veía la página para la versión 7 de su producto).

Entonces, al mirar esta imagen, pregúntate cómo podríamos mejorar esta página web. O, ¿cómo podríamos cambiar el copy y el diseño de esta página, de modo que venda más unidades?

El Atajo De Frank Kern

La forma más fácil de abordar esta pregunta es comenzar con un atajo de copywriting que aprendí del famoso vendedor de Internet Frank Kern, quien (según los informes) aprendió este truco de un viejo jefe para el que trabajaba.

El truco es así:

Cuando escribes un copy, debes poder transmitir rápidamente tres puntos fundamentales a tu consumidor objetivo:

1. Esto es lo que consigues.
2. Esto es lo que hará por ti.
3. Esto es lo que quiero que hagas a continuación.

Si el visitante de tu sitio web no puede responder estas tres preguntas, dentro de los cinco segundos posteriores a la llegada a tu página, ¡entonces probablemente estés haciendo algo mal!

Recuerda, Internet es un lugar extraño y complicado. Cuando intentamos que alguien compre algo en línea, tenemos que facilitarle todo. Y, sorprendentemente, a medida que navega por diferentes sitios web, encontrarás que (para la mayoría de los sitios web) a menudo es muy difícil responder a estas tres simples preguntas.

¿Qué Le Sucede A Este Sitio Web?

Entonces, con nuestra heurística de Frank Kern en mente, mira nuevamente la imagen de nuestra página web y pregúntate:

- "¿Qué intenta venderme esta página web?"
- "¿Por qué existe esta página web?"

Intenta ponerte en la piel de un nuevo usuario.

- Imagina que estás viendo esta página web por primera vez.
- Imagina que estás sentado en una oficina, ruidosa y llena de gente.
- Imagina que tienes mil cosas más que hacer hoy.
- Imagina que tienes que recoger a tus hijos en la escuela en 15 minutos.
- Imagina que te distrae la música que suena en la habitación de tus hijos.

Con todas las distracciones de la vida cotidiana, ¿sería capaz de determinar de qué trata esta página?

¿Qué información podría llegar a saber alguien después de echar un vistazo a esta página web?

Todo lo que sabemos es:

1. Hay algo en esta página web llamado Vmware.
2. Hay algo aquí llamado Fusion.
3. Y, el número 7 tiene algo que ver con ... algo ...

Entonces, pregúntate a ti mismo:

- ¿Consideras que esta información es de particular importancia para usted?
- ¿Estas tres piezas de información (de alguna manera) te están impulsando a comprar algo de esta empresa?
- ¿Sabes lo que hace este producto?
- ¿Puedes incluso saber si esta empresa está vendiendo un producto o no?

Recuerdo, cuando llegué por primera vez a esta página web, me llevó un tiempo descubrir qué estaban tratando de decirme. Y la razón es bastante clara. Porque es difícil saber qué hace realmente este producto "VMware Fusion 7", a menos que sea lo suficientemente atento como para ignorar todo en esta página, excepto el pequeño texto gris en la esquina inferior izquierda, que dice:

"Ejecuta Windows en tu Mac".

¡Arriba del pliegue, este es el único dato útil de información en toda la página web!

Esto es lo que hace Fusion 7. Te permite ejecutar aplicaciones de Microsoft Windows en tu Apple Mac. Pero nunca lo sabrías a menos que estuvieras lo suficientemente atento como para localizar el pequeño texto gris en la esquina.

Espero que sea obvio para ti que este no es un diseño muy eficiente, si estás tratando de vender un producto de software complejo a personas a través de Internet.

Reparemos Este Sitio Web

Echa un vistazo a la Figura B y hablemos de nuestro diseño nuevo y mejorado.

Recuerda, como hemos aprendido al comienzo de este libro, el trabajo del copywriter se divide en tres partes principales.

1. El título
2. El copy
3. Y, El llamado a la acción

Si observas la versión original de la página en la Figura A, notarás que la página no tiene una representación bien definida de estos tres componentes. (¿Recuerdas antes cuando dije que los desarrolladores web no son muy buenos para diseñar páginas web de productos. Esta es la razón porque no saben cómo escribir un anuncio).

Entonces, con estos tres componentes de copywriting en mente, hablemos de nuestra página web mejorada en la Figura B.

Componente 1: El Título

Primero, observa todo el espacio blanco muerto en la parte superior de la Figura A. Hay mucho espacio aquí que me gustaría usar. Porque aquí es donde (el elemento del copywriting más importante en una página) "el título" debería haberse colocado. Pero en cambio, el diseñador web simplemente escribió las palabras "VMware Fusion", y este texto simplemente no significa nada para un nuevo visitante.

Así que agreguemos una oración en negrita para nuestro título. Uno que realmente le diga al usuario qué es este software y qué hace este software. Observa en la Figura B, escribimos:

"Fusion 7 te permite ejecutar Windows en tu Mac".

Eso es exactamente lo que hace Fusion 7. Si compras Fusion 7, puedes ejecutar Microsoft Windows en tu Mac. Observa cómo hacemos que nuestro encabezado sea lo más llamativo posible, usando una fuente grande de color naranja y centrando nuestro texto en el medio de la página.

Componente 2: *El Copy*

Observa en la Figura A, el diseñador web ni siquiera tiene un copy en su página. En cambio, dibujó esta gran imagen rectangular fea. Es genial tener un gráfico de producto en la página de inicio. Pero esta es solo una forma estilizada de mostrar el número siete, que simplemente no agrega nada a nuestro mensaje. La mayoría de los usuarios ni siquiera sabrían qué representa ese número 7. (Representa el "número de versión actual" del software). ¿Pero a quién le importa?

Entonces, en nuestro sitio mejorado en la Figura B, eliminamos la gran imagen fea. Luego, agregamos un subtítulo verde que dice:

¡Usa todos tus software favoritos de
Microsoft Windows dentro de tu Apple Mac!

Y, bajo nuestro subtítulo, escribimos un párrafo que describe nuestro producto.

Componente 3: *El Llamado A La Acción*

Por lo general, con las páginas de presentación de la aplicación de software, el llamado a la acción contiene tres pasos posibles. El usuario puede:

1. Hacer clic en un botón para descargar la versión de prueba gratuita de la aplicación.
2. Hacer clic en un botón para comprarlo en ese momento.
3. Hacer clic en el botón Reproducir video para ver un video de demostración y obtener más información.

Queremos que el usuario realice al menos una de estas tres acciones.

Observa cómo, en el sitio web original (Figura A), el diseñador web combinó sus botones de Llamada a la acción entre otros botones azules inocuos, como Soporte y Actualización. Si bien es genial tener dichos botones en su sitio web, por lo general, no es deseable fusionar los botones de soporte y actualización con el contenido de la página principal. Así que minimizamos estos dos botones y los cambiamos a enlaces en nuestra versión en la Figura B.

Para nuestra área revisada de Llamado a la acción, comenzaremos el formulario de izquierda a derecha.

1. En el lado izquierdo, observa el botón verde que dice "Descarga la versión de prueba gratuita de Fusion 7". Esto es mucho más visible que el botón azul que se encontraba en la esquina superior derecha. Y dado que obtener la prueba gratuita de la aplicación en la mano del usuario es un paso tan vital en las ventas de software online, aquí utilizamos un texto de varias líneas en nuestro botón, que le dice al usuario exactamente lo que obtendrá.
2. Además de eso, tenemos un botón naranja que dice "Comprar Fusion 7". En el sitio web original, este botón era de color azul y decía "Comprar en

línea". Recuerda, cuando se trata de elaborar el texto para un llamado a la acción, debes decirle al usuario exactamente qué hace el botón. La etiqueta del botón "Comprar Fusion 7" tiene mucha más especificidad que la etiqueta del botón "Comprar online". Además, cambiamos el color de nuestro botón de azul a naranja, porque el naranja es el color tradicional del comercio, a menudo utilizado por los botones online.

3. Finalmente, el tercer botón en nuestra área de Llamado a la Acción es el botón rojo de reproducción de video.Este sitio web ya tiene un maravilloso video de demostración de software. (Tiene una gran animación, y en realidad le dice al usuario sobre las características del producto bastante bien). Pero nunca lo sabrías. Porque enterraron su video en el fondo del contenido de su sitio web. Entonces, en nuestra Figura B, movimos este video arriba del pliegue. Ahora notarás que dibujamos nuestra propia imagen en miniatura para nuestro video de producto. Las miniaturas de video deben intentar representar el contenido del video para el usuario. Es por eso que estamos mostrando una computadora portátil con Windows y una computadora portátil Mac, con una flecha naranja entre las dos, lo que indica al usuario que Fusion 7 le permite ejecutar Windows en su Mac.

Debajo de nuestro llamado a la acción, hemos colocado nuestros enlaces "Actualizar" y "Soporte" para los clientes existentes.Ten en cuenta que un cliente existente es uno muy diferente a un nuevo usuario, que simplemente se topa con tu sitio web al azar en Google.

Los clientes existentes ya te han comprado algo. El dinero ya ha sido enviado. Por lo tanto, generalmente no hay una necesidad apremiante de hacer que los botones que uses sean tan frecuentes. Observa en el sitio web original en la Figura A cómo el diseñador web fusionó sus botones para clientes existentes, con sus botones para clientes nuevos. (Ej, el botón Comprar está cerca del botón Soporte). Por lo general, esto no es lo ideal porque, cuando se trata de un llamado a la acción, esa única intención debería ser vender a nuevos usuarios. Por lo tanto, la combinación de estos botones solo confunde el tráfico orgánico entrante.

¿Podemos Completar Los Puntos De Frank Kern Ahora?

Al echar un vistazo a nuestra nueva creación, veamos si los tres puntos de Frank Kern se transmiten (ahora) adecuadamente al consumidor objetivo. Recordemos, los criterios fueron:

1. Esto es lo que consigues.
2. Esto es lo que hará por ti.
3. Esto es lo que quiero que hagas a continuación.

Entonces, al mirar nuestra nueva página web, ¿podemos ahora responder estas tres preguntas fácilmente?

Solo nuestro nuevo titular hace que esta tarea sea más fácil. Se lee "Fusion 7 te permite ejecutar Windows en tu Mac".

Así que completemos los espacios en blanco.

- Esto es lo que consigues: "Fusion 7"

- Esto es lo que hará por ti: "Ejecuta Microsoft Windows en tu Mac".

- Esto es lo que quiero que hagas a continuación: Recordemos que nuestro nuevo Llamado a la acción ahora tiene tres botones posibles." Puedes descargar la versión de prueba, comprarla en ese momento o ver el video para obtener más información".

Debido a nuestro nuevo diseño de componentes en nuestra página de presentación, es mucho más fácil para un usuario discernir de qué se trata esta página web y qué valor le estamos ofreciendo. Todos nuestros componentes del mensaje más importantes ahora están por encima del pliegue.

Y, lo más importante, hemos incorporado los tres componentes clave de cualquier carta de ventas: el título, el copy y el llamado a la acción.

Siempre debes dividir las páginas de prueba. Pero es mi opinión que, debido a nuestras revisiones, esta página web vendería más softwares que la página original. Y, por supuesto, ese es el objetivo: vender más cosas y aumentar las conversiones en nuestra página web.

En el diseño de la interfaz de usuario, los cambios muy sutiles pueden generar grandes recompensas. Y, a medida que profundices en estas cosas, descubrirás que es típico de las empresas (incluso las grandes empresas) cometer errores muy obvios en las páginas web de sus productos .¡No porque sus empleados no sean inteligentes! (¡Los chicos de Vmware son muy inteligentes! Es extremadamente difícil programar aplicaciones de software complejas como Fusion7). Pero el punto es que el diseño de la interfaz de usuario no se trata de "inteligencia". Debido a que estos conjuntos de habilidades

(Diseño de interfaz de usuario / Diseño de experiencia de usuario / Copywriting publicitario ...), estas habilidades no dependen de la inteligencia bruta, o la capacidad de programación, o la capacidad de diseño gráfico, o el talento artístico. Durante nuestra pequeña reparación, no programé ni dibujé nada en esta página web. Principalmente solo manipulé el texto y los colores de los botones, y moví diferentes cosas en la página.

Quiero enfatizar ese punto. Lo que la gente no se da cuenta es que el mero posicionamiento de los elementos de la página, a menudo es más importante que los elementos en sí. La forma en que se organiza la información en la interfaz es fundamental. Puede significar la diferencia entre obtener una venta y no obtenerla. Entre hacer felices a tus usuarios o simplemente confundirlos.

Hacer copywriting de sitios web en estos días significa hacer felices tanto a tus usuarios humanos (como a los robots del motor de búsqueda).

Los motores de búsqueda ("Googlebot"), buscan cosas como:

- Palabras clave descriptivas, dispersas en todo el contenido. (¿Se refiere al producto o servicio de la misma manera que lo hacen tus clientes?)
- Navegación notable (¿Tus páginas son de fácil acceso? ¿Puede Googlebot rastrear e indexar sin esfuerzo todo stu sitio web)

Pero los usuarios humanos (tus clientes) buscan cosas como:

- Mensaje claro. ¿El propósito de tu página web es obvio para el usuario? ¿Puedes determinar lo que intentas decirle?

- Contenido que refleja tus objetivos de búsqueda. ¿Vendes lo que está buscando? Si escribiste las palabras clave "Cómo construir una casa para perros" y está tratando de venderle una cámara, entonces tu contenido obviamente no refleja tu intención comercial.

- Y tiene una interfaz atractiva y fácil de usar. ¿Están tus botones claramente marcados? ¿Los pasos de acción que te gustaría que el usuario realice son obvios para él?

Espero que puedas ver que un enfoque más holístico es deseable online. Estoy tratando de transmitir la importancia de aprender a ver tu copy web desde una perspectiva humana y una máquina. En estos días, es mejor si puedes hacer ambas cosas. Y si sabes cómo armonizar estos conjuntos de habilidades, es un gran activo tener en tu caja de herramientas de copywriting.

Ch. 10: Copywriting Para Sitios Web

En el capítulo anterior, discutimos el diseño de la interfaz de usuario y cómo se deben organizar los componentes web en tu página de presentación. Ahora, en este capítulo, hablaremos más sobre el copy de la página de presentación.

El copy de la página de presentación del sitio web generalmente se presenta como una carta de ventas de formato largo, que describe un producto para el visitante web. La página podría estar tratando de venderle un programa de membresía, un producto físico o digital (como un libro electrónico o una clase web) o algún otro servicio.

El usuario generalmente llega a tu página de presentación después de seguir un enlace de Google, un anuncio de pago por clic, o tal vez desde un enlace en tu correo electrónico. En cualquier caso, tu página de presentación es de vital importancia. Porque te encuentras en el paso final en el proceso de decisión del comprador.

La página de presentación de tu sitio web contiene el todopoderoso "Botón Comprar". Y es en este punto donde tu visitante tiene que decidir: separarse de su dinero (y comprar tu producto), o no.

Entonces, obviamente, como copywriters, es importante para nosotros tener esta página correcta.

Conoce A Tu Audiencia

Al igual que con cualquier tipo de copy web, antes de sentarte a escribir el contenido de tu página de presentación, debes identificar a tu audiencia. Esto puede ser complicado con las páginas de presentación, porque es posible que nunca estés seguro de dónde vienen tus visitantes.

- Tal vez tu visitante acaba de encontrar tu sitio web a través de Google y, por lo tanto, esta es la primera vez que oye hablar de tu empresa.
- O tal vez tu visitante te haya estado siguiendo durante años y finalmente está listo para comprar.
- O, tal vez tu visitante es un profesional de la industria, y es plenamente consciente de ti y tus competidores.

Como puedes ver en los ejemplos anteriores, la página de presentación de tu sitio web debe ser lo suficientemente versátil como para acomodar a compradores potenciales, que ocupan puntos variables del espectro de consumo.

Dicho esto, siempre debemos esforzarnos por ser conscientes de los deseos y necesidades de nuestros lectores. Conoce los obstáculos o problemas que enfrentan y trabaja para brindarles una solución. Como en nuestros ejercicios anteriores, es beneficioso generar una lista de los beneficios y características de tu producto. Recuerda que una característica es un atributo de tu producto que realiza una función. Y un beneficio es el valor que tu cliente obtiene de esta función. Los 10 Gigabytes de memoria interna de tu iPod son una característica. Pero el beneficio es que puedes acceder a toda tu biblioteca de música desde tu bolsillo.

Por lo tanto, antes de escribir la página de presentación de tu sitio web, mantén el conocimiento de las características y beneficios de tu producto, y ponlos por orden, para que hables sobre los más importantes en la parte superior de la página de presentación.

También es útil anotar cualquier objeción que pueda tener un cliente potencial. Y luego, describas cómo tu producto no es susceptible a sus críticas. O, si el cliente tiene una preocupación legítima, reconozca el problema, pero presuma las otras virtudes que pueda tener tu producto. Recuerda, nadie espera que tu producto sea perfecto. Y la gente, de todos modos, tiende a valorar la "honestidad" sobre la supuesta "perfección".

Los Lectores De La Página de Presentación Son Diferentes ...

Como ya hemos expresado, la gran mayoría de los lectores normalmente leerán tu copy publicitario. Esto casi siempre es cierto. Sin embargo, cuando se trata de páginas de presentación de sitios web, esta regla a veces se rompe.

Nuevamente, recuerda que tu página de presentación contiene su "Botón Comprar". Y el usuario finalmente tiene que decidir si quiere hacer clic en este botón o no. Al hacer clic en este botón, puede significar que tu visitante te entregará cientos (o a menudo miles) de dólares. Por lo tanto, a diferencia de los lectores casuales (que solo están mirando tus anuncios mientras juegan en Facebook), los "lectores de la página de presentación" pueden desplazarse hacia arriba y hacia abajo en tu página, leyendo tu copy del anuncio una y otra vez. ¿Por qué? Porque:

- Están tratando de convencerse de que efectivamente estás vendiendo la respuesta a su problema.
- Están tratando de convencerse de que deberían confiar en ti.
- Están tratando de convencerse de que tu eres a quien deberían dar su dinero.

Este es un punto importante de entender. La presencia del botón Comprar en tu página de presentación tiende a incitar un comportamiento atípico del usuario, un comportamiento que no encontrarías en un anuncio típico.

Por lo tanto, es importante "cubrir todas tus bases" en las páginas de presentación. Y asegúrate de que el mensaje sea sólido, vendible y consistente, de arriba a abajo.

Principios De Copywriting De La Página De Presentación

Con lo anterior en mente, repasemos algunos principios generales para componer el contenido de la página de presentación.

Principio 1: Utiliza Un Título Grande Y Llamativo

Uno de los problemas más comunes del copywriting de textos publicitarios que vemos en las páginas web de presentación es que el copywriter a menudo no le dice al lector exactamente lo que está vendiendo. Creará una página web larga y hermosa — exclamando las características del producto y la deslumbrante variedad de opciones que estarán al alcance de la mano del lector— tan pronto como haga clic en el botón Comprar.

Desafortunadamente, los propietarios de sitios web a menudo estarán tan íntimamente familiarizados con su propio producto, que les resultará difícil ver su sitio web, desde la perspectiva de un nuevo visitante. Y, con humor, no le dirán al visitante exactamente lo que están vendiendo.

Este fue un error frecuente en el ejemplo de Fusion 7 en el capítulo anterior. Especialmente sucede mucho con productos tecnológicos complejos o aplicaciones y servicios de software. Una página de lanzamiento comenzará con un título ambiguo, como:

El Super Widget 5000 tiene un FPS de 25
milisegundos con un divisor en T de doble
banda y un enlace ascendente de fibra óptica.

Tales títulos son casi siempre una mala idea (incluso si estás
vendiendo a profesionales de la industria). En su lugar, escribe
el título de tu página de presentación utilizando un lenguaje
simple. Me gusta esto:

La WebCam 5000 le permite transmitir video
de alta definición, directamente a sus
fanáticos online.

En general, en los títulos de las páginas de presentación, debes
describir exactamente lo que ru producto puede hacer por el
lector, en una oración simple (fácil de entender). Un título
principal convincente persuadirá al lector a tomar una decisión
sobre si este es un producto que le interesa o no.y es la mejor
manera de involucrar al lector, tan pronto como llegue a tu
página de presentación.

Principio 2: Establecer El Tono

El tono de tu página de presentación debe ser familiar y sin
esfuerzo. Normalmente se prefieren párrafo pequeños, y frases
cortas. Queremos captar la atención del usuario. Se creativo,
pero usa un léxico simple, de modo que cada oración sea fácil
de entender. No intentes ser demasiado inteligente con el

idioma inglés ni añadas información falsa que tu producto no pueda lograr.

Diríjete a tu audiencia, usando mucho las palabras "tu" y "yo". Haz que tu audiencia sienta que estás hablando directamente con ellos.

Principio 3: Usar Subtítulos (Muchos Subtítulos)

Recuerda que las páginas de presentación son "cartas de ventas de formato largo". Lo que significa que suelen tener mucho contenido. Y, cuando tus visitantes llegan por primera vez, a menudo se desplazan rápidamente hacia arriba y hacia abajo de la página para familiarizarse con la presentación.

Debido a esto, los subtítulos son particularmente importantes en las páginas de presentación. Los subtítulos son titulares que definen varias secciones independientes del contenido de su página de presentación. Y pueden usarse para destacar características o beneficios importantes del producto.

A diferencia del formato para el copy de correo electrónico o el copy del anuncio, el copy de la página de presentación generalmente contendrá entre tres y ocho subtítulos en todo momento.

Principio 4: Usa El "Método De La Pirámide Invertida"

Cuando tus lectores estén considerando seriamente realizar una compra, se desplazarán por tu página de ventas. Pero la parte superior de tu página aún debe usarse para describir la información más importante. Para ayudar a visualizar la ubicación del contenido, los copywriters a menudo invocan una antigua metáfora llamada "Método de la pirámide invertida".

El concepto es simple. Imagina una pirámide invertida y divídela en 4 rebanadas horizontales. El segmento superior (y el más grande) es para la información más importante. La segunda porción es para información un poco menos importante. Luego viene el tercero. Y finalmente, la última y más pequeña porción es para la información menos importante.

Piensa en la parte superior de la pirámide como si tuvieras el encabezado de la página grande e importante, seguido del párrafo más importante: texto descriptivo sobre tu producto. La jerarquía de importancia se reduce a medida que se avanza en la página. O para decirlo en modo sencillo, desbes escribir el contenido más importante en la parte superior y el contenido menos importante en la parte inferior, reduciendo gradualmente la complejidad a medida que se avanza en la página.

Principio 5: Mezcla Tus Fuentes Y Colores

En copywriting, nada grita "no me leas" más fuerte que un gran muro de texto. Así que no le hagas esto a tu lector. En su lugar, divide el contenido, utilizando múltiples tamaños de fuentes y colores.

Para las páginas web, a menudo se usa una fuente grande y en negrita (como "Impacto" o "Arial Bold") para los titulares y puede ser de color rojo o azul. Del mismo modo, las fuentes en negrita se pueden utilizar para subtítulos. Y, para el copy de tu anuncio, usa una fuente sanserif simple , como Arial o Verdana.

Existe un debate significativo sobre si las fuentes serif o sanserif son más fáciles de leer. Para los no iniciados, las fuentes serif tienen pequeños arcos y curvas en los bordes de las letras (por ejemplo, como la fuente Times New Roman), mientras que las fuentes sanserif no florecen (por ejemplo, como Arial y Helvetica).

El tipo de fuente más efectivo puede depender del nicho en el que te encuentres. Pero si tiene dudas, elije Arial por ahora y manténlo simple. Recuerda, lo más importante es que tu copy sea fácil de digerir, y que tus lectores estén familiarizados y cómodos leyendo las fuentes seleccionadas.

El Segundo Borrador De La Lista De Verificación

Recuerda, las páginas de presentación de formato largo son (de hecho) largas. A menudo no se terminan en un día. Así que no sientas que debes apresurar el proceso. Cuando hayas terminado con tu primer borrador, aléjate de él por la noche. Y vuelve a acercarte a tu página de presentación por la mañana. Intenta leerla de arriba abajo e intenta colocarte en el espacio de la cabeza de una persona que acaba de descubrir tu sitio web.

Sí, corregirás errores gramaticales, errores ortográficos y errores tipográficos. Pero el objetivo principal hoy en día, es para minimizar el copy.

- Busca los lugares en el copy donde has usado demasiadas palabras.
- Encuentra los lugares donde tu mensaje no es claro.
- Busca áreas en tu copy que necesiten ajustes.
- ¿Tu titular está orientado a los beneficios?
- ¿Tu mensaje llega con facilidad?
- ¿Empatizas con el problema del lector?
- ¿Has convencido al lector de que tienes la mejor solución?
- ¿Estás utilizando viñetas de manera efectiva para resumir tu solución?
- ¿Ofreces una garantía de devolución de dinero?
- ¿Escribiste un llamado a la acción fuerte y convincente?
- ¿Incorporaste urgencia y escasez en tu copy?
- ¿Tienes testimonios creíbles?
- ¿Has ofrecido algo extra, como un obsequio o un bono?

Consulta tu lista de características y beneficios del producto, para asegurarte de que estás promocionando lo mejor que tu producto puede proporcionar. No querrás dejar de lado algo importante, que podría haber convertido a un lector en un cliente.

Ch. 11: SEO Para Copywriters

En el capítulo anterior, hablamos sobre copywriting de textos publicitarios para páginas de presentación de sitios web. Persuadir a los lectores humanos para que se conviertan en clientes que pagan es el objetivo principal de dicho contenido. Sin embargo, hay otro objetivo. No solo tenemos que complacer a los humanos, sino también a los robots. Es decir, tenemos que complacer a los robots de los motores de búsqueda.

Cada segundo de cada día, miles de pequeños programas llamados "rastreadores" están explorando Internet y registrando cada palabra que encuentran. Estos rastreadores residen en servidores, propiedad de los motores de búsqueda del mundo (como Google y Bing).

Cuando los rastreadores encuentran un sitio web, descargan cada palabra en la página y la colocan en una base de datos. Luego, otros programas procesan esta información e intentan determinar de qué trata esta página web. Para los humanos, este es a menudo un trabajo fácil. Los humanos tienen la capacidad de mirar una página web y (generalmente) pueden (bastante rápido) comprender la intención y el propósito de la página.

Para las máquinas, sin embargo, esta tarea es bastante difícil. Y es por eso que Google gasta mucho dinero encontratar a algunos de los científicos informáticos más inteligentes del planeta, desarrollar formas inteligentes de examinar estos datos y determinar qué información contiene.

El algoritmo exacto por el cual funciona este proceso es un secreto comercial. (Y Google lo cambia todos los meses de todos modos). Pero lo que sí sabemos es que todo comienza con palabras clave.

El Nacimiento De Una Nueva Industria.

Cuando escribes palabras en un motor de búsqueda (como Google), diga "bolsas rojas para cámara", esta frase se llama "consulta de búsqueda". La consulta es recibida por un servidor de Google. Y luego, el servidor examina millones de documentos que presentan las palabras "bolsas rojas para cámaras". Luego, el servidor debe tomar una decisión: acerca de cuales de los 10 sitios web (de millones) se mostrarán en Google.com. Esta página web de 10 resultados de búsqueda se denomina Página de resultados del motor de búsqueda (o "SERP" para abreviar).

El trabajo de Google es encontrar los diez mejores enlaces sobre "bolsos rojos para cámaras" en el mundo y mostrárselos, para que pueda decidir en cuál hacer clic.

Eso es todo.

Ahora, ¿qué sucede si posees una empresa que vende bolsos rojos para cámaras, pero tu diseñador web no escribió las palabras "bolso rojo para cámaras" en ninguna parte de tu sitio web. Entonces, ¿cómo va a saber Google que vendes "bolsas rojas para cámaras"?

Bueno, ellos no lo sabrán ...

Y los usuarios de Google nunca podrán encontrar tu página web, ni sabrán que tu estás en el negocio de las bolsas para cámaras.

Eso no es bueno.

Entonces, ¿cómo podemos asegurarnos de que las personas que buscan "bolsos rojos para cámaras" a través de Google tengan la oportunidad de descubrir tu negocio?

Tal vez deberíamos haberle dicho a nuestro copywriter de contenido web que se asegure de que las palabras "bolsas rojas para cámaras" exista en algún lugar de nuestro sitio web ... ¿No?

Correcto.

Fue esta idea la que inspiró el nacimiento de un nuevo tipo de industria. Una industria que ahora cuenta con miles de nuevas empresas, herramientas de software, aplicaciones web y agencias de marketing, todas prometedoras para ayudar a que tu empresa (presupuesto) "¡Llegue a la cima de Google!"

El nombre de esta industria es "SEO".

¿Qué Es El "SEO"?

SEO significa "Optimización de motores de búsqueda". Y, como su nombre lo indica, el SEO se trata de optimizar el contenido de tu sitio web, para que tus clientes objetivo puedan encontrarte a través de motores de búsqueda (como Google).

El truco consiste en identificar las palabras (llamadas "palabras claves") que tu grupo demográfico objetivo está escribiendo en Google. Y luego, esparciendo estas palabras clave en todo el contenido web. (Esto se denomina "optimización del contenido para motores de búsqueda", de ahí el término: "Optimización de motores de búsqueda")

Simple verdad?

En realidad lo es, una vez que entiendes cómo hacerlo ...

Cómo Hacer SEO

Podemos dividir la tarea de SEO en solo dos tareas:

- **Paso 1:** encuentra las palabras claves que utiliza tu grupo demográfico objetivo, cuando están buscando un producto o servicio en Google.
- **Paso 2:** Espolvorea estas palabras claves en tu contenido web.

Paso 1: Buscar Palabras Claves

Abordemos el paso 1 ahora.

Nuestro único objetivo es crear una larga lista de frases de palabras claves, que describan mejor nuestro producto o servicio.

Afortunadamente, Google nos proporciona una herramienta gratuita que hace exactamente eso. Se llama Google Keyword Planner (o Planificador de palabras clave de Google). Y ha producido miles de millones de frases de palabras claves durante más de una década.

La intención original del Planificador de palabras clave de Google era permitir a los anunciantes de Google ver qué palabras claves escribían tus potenciales clientes en Google. Pero, poco después de su lanzamiento, los propietarios de sitios web pronto se dieron cuenta de que esta información también podría usarse para hacer SEO.

Google solicita que ingrese una tarjeta de crédito cuando creas una nueva cuenta en la página de inicio del Planificador de palabras claves. Pero no te preocupes, porque (si no compras anuncios), no tienes que pagar nada, una vez que inicies sesión. Solo nos interesan los datos de palabras clave, y esto es gratis.

Descargar una lista de palabras clave es fácil. Una vez que hayas iniciado sesión en la interfaz del Planificador de palabras clave de Google, escribe algunas palabras en el cuadro de notas. Este conjunto inicial de palabras que escribas se denomina "palabras clave iniciales". Porque, es a partir de estas "semillas" que

Google "brotará" ideas de palabras clave adicionales. Por lo general, debes escribir tres o cuatro palabras clave iniciales, y Google devolverá una lista de aproximadamente mil ideas de palabras claves.

Una vez que hayas guardado esta lista en tu disco duro, es hora de elegir las que mejor reflejen tu producto o servicio. Recuerda, en nuestra compañía de ejemplo, vendimos "bolsas para cámaras". Por lo tanto, al escribir la palabra clave semilla "bolsas para cámaras" en el Planificador de palabras clave de Google, se revelan muchas palabras clave como:

- funda de cámara
- bolso de cuero para cámara
- mochila con cámara
- bolsas de cámara para mujeres
- bolso de la cámara Nikon
- bolso de la cámara
- bolsa impermeable para cámara
- etc.

Estas son las palabras claves que los consumidores (en su nicho) están escribiendo en Google. Entonces, nuestro trabajo es determinar qué palabras claves (en esta lista) se aplican a nuestro producto.

- ¿Tu bolso para cámara está hecho de cuero?
- ¿Se puede usar la bolsa de la cámara en la parte posterior? Si es así, entonces califica como una "mochila para cámara".
- ¿Tu bolsa para cámara está diseñada específicamente para mujeres o para cierto tipo de cámara Nikon?

Recuerda, tu objetivo es identificar qué palabras clave se aplican a tu producto. Cada producto es diferente. Entonces, en última instancia, solo tu sabrás qué palabras clave son más aplicables.Por lo tanto, revisa tu propia lista de palabras claves y marca cada palabra que corresponda a tu negocio.

Paso 2: Espolvorea Palabras Claves En Tu Contenido

En el Paso 2, es hora de esparcir nuestras palabras claves seleccionadas en nuestra página web. Notarás que una página web típica de un producto contiene muchos de los mismos elementos que cualquier otro documento comercial.

1. El nombre del producto y el título se encuentran en la parte superior.
2. Un subtítulo a menudo le sigue a eso.
3. Luego viene una atractiva imagen del producto.
4. El copy del anuncio (y la información del producto) se encuentra en toda la página.
5. Y un llamado a la acción descansa en la parte inferior. (Por lo general, en forma de "botón de compra" o número de teléfono).

El truco en el SEO (Search Engine Optimization) radica en nuestra capacidad de dar masajes a nuestras palabras clave (a las que colocamos una marca de verificación al lado), en el contenido textual de estas cinco ubicaciones.

¿Por qué hacemos esto de nuevo?

Recordemos que el trabajo de Google es mantener un registro de todas las páginas web del planeta. Y trata de determinar de qué se tratan estas páginas web. Si un usuario de Google busca "bolsos rojos para cámaras" y tu compañía de bolsos para cámaras no colocó estas palabras en el contenido de tu sitio web en algún lugar, entonces Google nunca sabrá que estás vendiendo "bolsos para cámaras".

Recuerda la lista que generamos en el Paso 1, contenía palabras como:

- bolso de cuero para cámara
- bolsas de cámara para mujeres
- bolsa impermeable para cámara

Entonces, supongamos que el producto "bolsa para cámara" que estás vendiendo tiene estas tres características.

- Supongamos que el exterior fuera de cuero.
- Supongamos que está dirigido al mercado femenino.
- Suponga que el área de almacenamiento interior es resistente al agua.

Esto significa que tienes un producto que (las personas que escriben estas palabras en Google) probablemente estén buscando.

Entonces, es tu trabajo (como un chico que hace SEO), asegurarse de que las palabras como:

- "cuero"
- "para mujeres"
- "impermeable"

entren en el contenido de tu sitio web, en algún lugar. (Junto con las palabras "cámara" y "bolsa", por supuesto).

Cuando las palabras claves (que utiliza tu demografía para referirse a tu producto) se insertan con tacto en la página web de tu producto, entonces has "optimizado" con éxito tu página web para los motores de búsqueda.

¿Ves por qué esta industria se llama "Optimización de motores de búsqueda"? Porque eso describe exactamente lo que estamos haciendo.

¿Qué Son Las Palabras Claves De Cola Larga?

A medida que reúnas palabras claves para tu sitio web, notarás que vienen en diferentes tamaños.

- Algunas palabras clave son cortas, como la palabra clave "cámara".
- Pero algunas palabras clave son largas, como la frase "las mejores cámaras para fotografía al aire libre".

La última palabra clave contiene cinco palabras en la frase. Las palabras claves como esta a veces se denominan "Palabras claves de cola larga".

Las palabras clave de cola larga suelen ser más largas (que consisten en más palabras en la frase). Y, debido a que hay tanta especificidad contenida en la frase, su volumen de búsqueda es mucho menor. Por ejemplo, muchas personas en el mundo escriben la palabra "cámara" en Google, en vez de escribir la frase "mejores cámaras para fotografía al aire libre".

Entonces, debido a este hecho, algunos propietarios de sitios web evitan estas frases más complejas. ¡Pero no tan rápido! La iluminación se logra aquí cuando te das cuenta de esto:

Las palabras claves de cola larga representan el 70% de todas las búsquedas web.

Cuando se toman individualmente, cada palabra clave de cola larga no genera mucho tráfico. Pero cuando puede agregar tres, cuatro o cinco palabras claves de cola larga adicionales en tu página web, entonces el tráfico comienza a acumularse.

Lo más importante, casi por su propia naturaleza, es que las palabras claves de cola larga no son muy competitivas. En otras palabras, millones de sitios web compiten por la palabra "cámara". Pero muchas menos páginas web (en Internet) contienen información sobre la palabra clave "mejores cámaras para fotografía al aire libre".

Por lo tanto, idealmente, puedes ubicar un gran conjunto de palabras claves de cola larga para tu nicho y aplicarlas en tu copy web. Cuando lo hagas, atraerás a personas que sienten curiosidad por tu producto, pero también a personas con intereses secundarios. O, para decirlo de otra manera, las palabras claves de cola larga te ayudan a crear una red más amplia, con la cual atraer el tráfico de los motores de búsqueda.

Evita El Relleno De Palabras Claves:

Ahora, es importante no exagerar con las palabras claves. Las personas que son nuevas en el mundo del SEO tienden a pensar que se aplica la regla de "cuanto más, mejor". Piensan que deberían esparcir frases de palabras claves en cada oración de su copy, y que esto, de alguna manera, atraerá más tráfico en los motores de búsqueda.

Pero este no es el caso. Después de que una frase de palabras claves aparezca en tu contenido una o dos veces, agregarla una y otra vez no mejorará tus resultados. El acto de llenar el texto con palabras claves se denomina "relleno de palabras claves". Y debe ser evitado. De hecho, si colocas demasiadas palabras claves en tu contenido, incluso puedes tener una penalización de Google por hacerlo, y pueden enviarte menos tráfico.

Recuerda, es la calidad de tu trabajo lo que ayudará a atraer más visitantes a tu sitio web. Por lo tanto, no comprometas su copy persuasivo, por el simple hecho de insertar palabras claves. Simplemente haz que el texto fluya naturalmente e inserta palabras claves cuando sea apropiado, y de tal manera que se mezclen con el contenido y agreguen valor. Tu primer enfoque debe ser escribir un copy de ventas atractivo y fácil de leer.

Después de pasar por este proceso una vez, la tarea de hacer SEO no es difícil. Y agregar esto último a una página web puede ser la diferencia entre atraer a miles de usuarios hambrientos de Google y no atraer nada de tráfico.

Así que toma este paso en serio. El SEO es una valiosa adición a tu "bolsa de trucos de copywriting".

Ch. 12: Copywriting Publicitario Para Anuncios Web

Cuando utilizas un motor de búsqueda (como Google o Bing), o cuando navegas por un sitio web de noticias, notarás la gran cantidad de anuncios web que se ejecutan a un lado del sitio web o en tu campo de visión. Por lo general, estos son anuncios PPC (o pago por clic). Cada vez que te sientas atraído a hacer clic en uno de estos anuncios, el vendedor paga al propietario del sitio web (o compañía de medios) por tu clic. Entonces, obviamente, los clics son valiosos.

Más clics, significa más ojos mirando tu producto o servicio. Y más ojos significa más oportunidades de convertir a los visitantes en clientes que pagan.

Entonces, ¿cómo utilizas tus nuevas habilidades de copywriting publicitario para escribir el anuncio web más atractivo posible?

En las siguientes reglas te mostraremos cómo.

Regla 1: Cuenta Una Historia Interesante

Las historias son una excelente manera de captar la atención de cualquier persona, especialmente aquellos clientes potenciales, que estaban en tu puesto. La gente ama echar un vistazo a la vida de otras personas. Quieren saber qué los hace feliz, enoja o emociona. Quieren conocer tus luchas más profundas y cómo superaste desafíos complejos en tu vida.

Ahora, los anuncios PPC generalmente no cuentan con mucho espacio. Por lo tanto, no hay espacio para escribir tus memorias completas. Sin embargo, puedes usar este espacio para provocar a tu audiencia e insinuar una historia que compartirás con ellos después de que hagan clic en tu anuncio.

Un adelanto típico que probablemente hayas notado en los anuncios web comienza así:

"¡Cómo esta madre que se queda en casa gana $ 10,000 por mes online!"

¿Te suena familiar este anuncio?

Este anuncio es tan omnipresente porque funciona.

Cuando este anuncio lo leen mujeres (que también son madres que se quedan en casa), el lenguaje congruente hace que asuman naturalmente que el anuncio podría aplicarse a ellas. Cuando una madre que se queda en casa se encuentra con este anuncio, se preguntará cómo se ganó el dinero y deseará escuchar la historia completa.

Por lo tanto, mantén tus anuncios personales. Usa una historia para hablar sobre cómo alguien sufrió el mismo problema que tienen tus clientes potenciales. (por ejemplo, problemas comerciales, pérdida de peso, problemas de dinero, problemas familiares, etc.)Luego, ofrece la solución que solucionó este problema.

Regla 2: Indica Los Beneficios

¿Por qué hacemos clic en los anuncios?

En última instancia, los humanos hacen clic en los anuncios porque piensan que al final podrían beneficiarlos, de alguna manera. Preferiblemente, de alguna manera inmediata.

Debido a nuestra preferencia por las soluciones instantáneas, es posible que debas evitar un lenguaje de anuncios como este:

- Descarga este libro electrónico de 850 páginas sobre el cultivo de vegetales orgánicos.
- Prueba este curso rápido sobre Matemáticas del aprendizaje automático.
- Prueba nuestro plan de 37 pasos para ahorrar $ 10 por mes en tu seguro de automóvil.

Estos anuncios enumeran detalles técnicamente desafiantes, en lugar de beneficios potenciales. Sin embargo, debes centrarte en los beneficios, es decir, las mejoras que tu producto puede aportar a la vida de tu cliente potencial. Enumerar las características técnicas puede ser importante. Pero no deben usarse para enganchar prospectos en el copy del anuncio.

Regla 3: Usa Palabras Cargadas De Emoción

El copywriting publicitario es un juego de palabras. Cambiar una palabra puede cambiar todo el significado de tu mensaje. De la misma manera, una palabra emocional en tu anuncio podría conectarse con las emociones de tus prospectos.

Usa palabras poderosas para activar la memoria de tu objetivo. Las palabras poderosas son palabras intuitivas que inmediatamente atraen la atención y desencadenan recuerdos, emociones o experiencias pasadas en sus vidas.

Por ejemplo, cuando alguien ve la palabra avergonzado en un anuncio, recordará el momento en que se sintió avergonzado, y esto hará que sienta curiosidad por saber más sobre lo que le sucedió a la persona en el copy, lo que lo hizo sentir de esta manera.

Ten en cuenta que cada mercado tiene su propio conjunto de palabras de poder. Por ejemplo, las palabras devastado y avergonzado probablemente no funcionarán si estás escribiendo un anuncio de salsa de tomate. (Serían los mejores para productos para el acné). Pero las palabras riquísimas y deliciosas pueden ser perfectas para la salsa de tomate.

Regla 4: Use Una Frase De "Cómo"

Una de las fórmulas más clásicas (para un título de PPC) es comenzar el enganche con una oración de "cómo hacerlo".

Por ejemplo:

- Cómo asegurar $ 10,000 en fondos iniciales.
- Cómo perder 10 libras en 2 semanas.
- Cómo reducir las arrugas con este remedio casero.

Si estás tratando de crear un anuncio y estás recibiendo el bloqueo del copywriter, comienza anotando algunas preguntas de "cómo", que tu producto puede resolver.

Regla 5: Usa Números

Ya hemos hablado sobre el poder de los números en el copy de anuncios antes. Pero cuando escribes títulos para anuncios web, son aún más importantes. Los ojos de tu lector se sienten naturalmente atraídos por los números en los anuncios PPC. El texto del anuncio que presenta números simples obtiene tasas de clics más altas que los anuncios sin ellos.

Es por eso que a menudo verás anuncios como este:

- Plan de 3 pasos para dejar de fumar.
- 5 trucos efectivos para no perder peso durante las vacaciones.
- 10 ejercicios físicos para que estés "listo para la playa" esta temporada.

Regla 6: Usa Caracteres Especiales

Al igual que el uso de números en tu texto publicitario, tienes que hacer que sobresalga, el uso de símbolos especiales (curiosamente) también lo hace. Los caracteres especiales del teclado, como los símbolos de libra, ampersand, porcentaje, copyright, marca registrada y asterisco, tienden a captar la atención de tu audiencia online.

Regla 7: Usa La Prueba Social

El hecho de que el área de copy de los anuncios PPC sea tan pequeña no significa que debas renunciar al poder de la "prueba social". El uso de pruebas sociales puede ser la estrategia más potente para el copy en anuncios. Al igual que con todos los otros ganchos de copywriting, cuando tu lector de anuncios online considera hacer clic en un anuncio, naturalmente le gustaría saber si el producto ha funcionado para otros en el pasado.

Por lo tanto, en tu texto publicitario, considera agregar frases como esta:

- "Como se ve en la televisión."
- "Utilizado en más de 50 países!"
- "5 estrellas"

Regla 8: No Olvides Los Espacios

Adicionales

Si estás escribiendo anuncios PPC de solo texto, entonces a menudo es mejor usar todos los caracteres asignados, para que tu anuncio ocupe la mayor cantidad de espacio en la pantalla.

Sin embargo, si tu anuncio es un anuncio web más grande (quizás un anuncio grande de forma rectangular con una foto), no tengas miedo de usar espacios adicionales. Recuerda que cuando se coloca un espacio adicional (o "espacio en blanco") alrededor de un texto publicitario, tiende a "dibujar en el ojo", para enfocarse en el texto solitario dentro del espacio adicional. Por lo tanto, el espacio adicional puede hacer que tu anuncio sea más atractivo. Los anuncios que están repletos de demasiadas palabras en un espacio reducido, tienden a ser difíciles de leer y, por lo tanto, son fáciles de ignorar.

Regla 9: No Te Saltes El Llamado A La Acción

A veces, no es fácil para los usuarios de Internet inferir el siguiente paso de acción que les gustaría dar. Si usas mucho la web, puede ser obvio para ti, que un vendedor está tratando de hacer que hagas clic en su enlace azul. Pero recuerda, las personas online tienen diferentes niveles de habilidad técnica. Por lo tanto, para algunos anuncios, es mejor simplemente decirles qué hacer, en el título del anuncio en el que se puede hacer clic.

Ej. "Haz clic aquí ahora para aprender sobre cómo ahorrar $ 200 dólares en seguros de automóvil".

El hecho de que el copy de tu anuncio sea breve no siempre significa que debe omitir el Llamado a la acción y decirle explícitamente al usuario qué quieres que haga.

Ch. 13: Copywriting Para Impresión Y Correo Directo

Ya nadie lee periódicos. Al menos eso es lo que escuchamos... Si bien es cierto que los medios heredados están desapareciendo, es importante estar familiarizado con el proceso de copywriting que utilizan. Recuerda, el arte del copywriting en sí evolucionó principalmente de la publicidad impresa de la vieja escuela. Por lo tanto, tiene valor entender cómo funciona.

Además, si bien las redes sociales, los sitios web y los motores de búsqueda se han convertido en una parte común de las campañas de marketing, el marketing tradicional (a través de anuncios impresos) todavía funciona. El mundo de los negocios aún no ha rechazado por completo la publicidad impresa. Muchas campañas web exitosas de renombre aún usan anuncios impresos para llamar la atención. A veces, recibirás un anuncio impreso (en forma de cupón o anuncio en un periódico) que puedes canjear en tu sitio web de comercio electrónico favorito. Hoy, todos los caminos conducen a la web.

Sin embargo, los anuncios impresos con frecuencia siguen siendo un punto de primer contacto.

Discutiremos brevemente los diversos tipos de publicidad impresa aquí.

Tipos De Impresión

Periódicos

Si tu objetivo comercial es captar la atención de los consumidores locales, entonces los anuncios impresos siguen siendo una forma efectiva de llegar a tu audiencia. Puedes conectarte con tus prospectos objetivos a través del periódico local, o publicar anuncios en periódicos nacionales también.

Revistas

Con sus páginas brillantes de alto color, publicar tu anuncio en una revista sigue siendo una excelente manera de comercializar tu marca. Puedes usar anuncios de revistas para crear una imagen pública de tu negocio o para atraer clientes.

Directorios

Antes de los días de Google, las compañías solían examinar su copy de anuncios en directorios impresos, especialmente en la guía telefónica de las Páginas Amarillas.

La guía telefónica no es tan popular como lo era antes, por supuesto. Pero las publicaciones y directorios comerciales específicos de la industria todavía tienen influencia. Formar parte de dichos directorios proporciona una mayor exposición a nuevos clientes potenciales y le da a tu negocio un aire de legitimidad.

Otros tipos de impresión

Otros tipos comunes de publicidad impresa incluyen:

- Boletines informativos
- Pancartas
- Vallas publicitarias
- Volantes
- Y folletos

Pero de todos los anuncios impresos discutidos hasta ahora, el Correo Directo es a menudo el más rentable.

Correo Directo

Es el siglo 21; y, sin embargo, aún llegas a casa o al trabajo (cada día), para encontrar tu buzón convertido en una cornucopia de correo basura: cupones, solicitudes de tarjetas de crédito, circulares, DVD y folletos.

¿Por qué sucede esto?

Porque esto se llama publicidad de correo directo (o "correo basura"). Representa más del 40% de todos los correos enviados de EE. UU. Y es (a menudo) la forma más rentable de publicidad, incluso hasta el día de hoy.

Sí. Lo creas o no, el correo directo aún funciona.

Todavía hay muchos recortadores de cupones por ahí. Y hay un cierto segmento de la población que tiene más probabilidades de responder a una carta que a un correo electrónico. Mientras que más del 45% de nosotros desechamos inmediatamente nuestro correo basura (sin siquiera leerlo), de las personas que interactúan con él, alrededor del 60% visitará un sitio web, después de ser influenciados por una oferta de correo directo.

Mencionamos esto aquí para alentar a nuestros lectores más jóvenes a dar una oportunidad al Correo Directo, como parte de sus actividades de marketing. Todavía se aplican los mismos trucos de copywriting. Pero a continuación, hemos enumerado algunos consejos específicos de impresión.

Tips De Copywriting Para El Correo Directo E Impresión

Tip 1: Tu Audiencia Puede Ser Mayor

Los jóvenes no responden a cupones de papel y volantes como lo hicieron sus padres alguna vez. Tampoco compran periódicos. Entonces, antes de sentarse a escribir tu copy, comprende que el grupo demográfico que lee anuncios impresos, casi siempre es una multitud mayor.

Tip 2: Usa Encabezados Y Subtítulos

Al igual que en otros dominios del marketing, el título impreso será el primer copy que lea tu cliente.pero a diferencia de otros medios de marketing (como los anuncios PPC), los títulos impresos a menudo también incluyen un subtítulo. (A veces varios). Recuerda, el encabezado superior es "el gancho". Y los subtítulos deben actuar para atraer aún más al lector, más profundamente en tu copy web.

- Si el título es una pregunta, entonces el subtítulo puede ser la respuesta.
- Si el título es una declaración críptica, entonces el subtítulo puede revelar más sobre el tema.

Tip 3: Mantente En El Mensaje

Del mismo modo que las personas se confunden fácilmente cuando miran cuerpos de texto complicados online, también se confunden si los golpeas con demasiadas opciones de impresión o mensajes.

Por lo tanto, no promociones todos los productos de tu catálogo con tu anuncio impreso. En su lugar, elige un producto o servicio para incluir en tu anuncio. Entonces crea tu copy del anuncio y el diseño, en torno a este mensaje.

Tip 4: Combina Imágenes Y Anuncio

Con los anuncios impresos, las palabras a menudo no son suficientes por sí mismas. El copy impreso del anuncio funciona mejor cuando se combina con imágenes, por supuesto. Se ha demostrado que los anuncios con imágenes aumentan las conversiones. Por lo tanto, a diferencia de los anuncios de texto o incluso los anuncios PPC, los anuncios impresos tienden a ser más pesados. Es decir, la imagen en sí misma puede actuar como el principal atractivo. Una página en una revista que solo presenta texto, puede no ganarle muchos clientes.

Agrega imágenes para "pintar la imagen" de tu producto o servicio. Tus fotos no son solo para fines decorativos. Por el contrario, deben ir de la mano, con el mensaje que estás tratando de entregar a través del copy del anuncio.

Al seleccionar fotos, prueba este criterio:

1. Usa imágenes que evoquen una poderosa respuesta emocional, como bebés, animales (gatitos y cachorros), comida, deportes, etc.
2. Evita usar imágenes en blanco y negro o imágenes opacas. Las fotos en color suelen hacerlo mejor.
3. Selecciona imágenes que sean relevantes y armoniosas con tu copy ya que eso resuena con tu objetivo demográfico.

Seleccionar la foto correcta realmente puede impulsar tu anuncio. Pero no permitas que tus impresionantes imágenes te hagan abandonar los principios del copywriting que hemos discutido anteriormente. Las revistas están llenas de anuncios con imágenes sorprendentes, pero sin ningún paso de acción para el lector, el anuncio podría fracasar de todos modos.

Por lo general, a menos que tengas una marca a gran escala, tus anuncios deben hacer un punto único sobre tu producto o servicio. Y explícitamente decir al lector qué solución está ofreciendo y por qué debería elegirlo.

Tip 5: Mantén El Llamado A La Acción Simple

El llamado a la acción para los anuncios impresos puede ser un poco diferente que para otros tipos de anuncios en el marketing. Los llamados a la acción de anuncios impresos típicos implican hacer una llamada telefónica, escribir una URL o (más comúnmente en estos días) escanear un código QR con tu teléfono inteligente.

Lo más importante para los anuncios impresos, es que tu (nuevamente), recuerdes que tus clientes tienen diferentes niveles de habilidad técnica. Las personas mayores a menudo no tienen idea de cómo usar los códigos QR, mientras que a las personas más jóvenes no les gusta hacer llamadas telefónicas.

La mayoría de tus clientes potenciales pueden comprender una URL web. Pero si tu URL es difícil de deletrear o recordar, entonces, traducir esta información de la página impresa a un navegador web puede ser tedioso. Además, dirigir a tus usuarios a subcarpetas en tu sitio web agrega una capa de complejidad. Por lo tanto, asegúrate de que tus URL sean "fáciles de escribir" Si tu URL en la página impresa se ve así:

http://www.StevensAirConditioningRepair.com/coupon/ 333214579

Entonces, lo estás haciendo mal.

Observa cómo Apple dirige a los usuarios desde sus anuncios impresos a la página web de su iPod. Simplemente escriben:

Apple.com/ipod

Eso es.

Agradable y simple, ¿verdad?

Recuerda, a nadie le gusta escribir un montón de barras, números, dos puntos y tres "w". Por lo tanto, si incluyes una URL en tu llamado a la acción, asegúrate de que sea simple.

Ch. 14: Copywriting Para Comunicados De Prensa

Los comunicados de prensa están un poco anticuados en estos días. Pero, (especialmente para las empresas más grandes) pueden ser una herramienta de marketing efectiva, para atraer la atención de los medios de comunicación hacia su negocio o producto recién formado.

Pueden publicarse en el sitio web de tu empresa, en revistas comerciales, boletines, etc. Por lo tanto, un comunicado de prensa puede ayudar a tu empresa a establecer una sólida reputación en la industria. Sin embargo, la elaboración de un comunicado de prensa efectivo (que en realidad será recogido y leído) es la parte difícil.

Los mejores comunicados de prensa presentan algún tipo de historia convincente o introducción novedosa. Comienza estructurando tu comunicado de prensa de esta manera:

- Primero, escribe un gran título. Para los comunicados de prensa, el título funciona de la misma manera que el título del anuncio, que hemos discutido antes. Está diseñado para atraer al posible lector. Por lo tanto, no uses algo aburrido o insípido, como "La empresa firmó un acuerdo hoy..." En cambio, tu título debe enganchar inmediatamente al lector y hacer que quiera leer más.

• Luego, escribe un primer párrafo convincente que resuma las noticias relevantes. Proporciona información sobre el evento utilizando las cinco W (quién, qué, dónde, cuándo, por qué) y una H (cómo).

• Desarrolla el negocio y tus personas claves en el segundo párrafo. Luego, continúa con algunos testimonios creíbles o una cita decente. Inserta referencias a otros artículos en la industria.

• Y considera vincular tus noticias a un evento más amplio, para darle un giro futuro.

Hemos enumerado cuatro consejos importantes para comunicados de prensa.

No Te Concentres En "Ti"

Cuando escribas un comunicado de prensa, pónte en la piel de un periodista. Revisará el comunicado de prensa para averiguar si la historia beneficiará a sus lectores.

Si la respuesta es "sí", entonces no tendrás problemas para promocionarlo. Si la respuesta es "no", pregúntate por qué no atrajo a tu público objetivo. Idealmente, tu comunicado de prensa debe presentar una historia atractiva sobre tu empresa o productos, que sea relevante para tu posible clientela.

Asegúrate De Que Sea Tópico

Los comunicados de prensa son más efectivos cuando coinciden con otros eventos de actualidad. Entonces, si puedes combinar el lanzamiento de un nuevo producto, incluso con algún tipo de noticia reciente, entonces esto hará que tu comunicado de prensa sea noticia y propenso a la conversación.

Un Comunicado De Prensa No Es Un Argumento De Venta

Un comunicado de prensa es una herramienta para entregar información novedosa. Pero, por lo general, no está escrito de manera llamativa. Tampoco es tu propósito forzar necesariamente al lector a comprar algo.Por lo tanto, el contenido de tu comunicado de prensa debe estar libre de adjetivos elaborados y escrito de manera objetiva. Se breve y dulce, y tus lectores lo apreciarán.

Ch. 15: Copywriting Publicitario Como Carrera

Difícilmente podemos escribir un libro de "introducción al copywriting", sin incluir un capítulo sobre la búsqueda del copywriting como carrera. Esperamos que, en este punto del libro, estés inspirado para aplicar estas técnicas en us propias actividades de marketing, así como lo suficientemente inspirado para hacer copywriting publicitario a tiempo completo, tal vez.

Si te encanta escribir y sientes que eres bueno adaptando las palabras a frases asombrosas y persuasivas, entonces el copywriting puede ser la profesión para ti.

La buena noticia es que no necesitas un título universitario (o ninguna capacitación formal) para comenzar una carrera en el copywriting publicitario. Pero es útil estar familiarizado con los diferentes tipos de industrias que emplean copywriters. Hemos enumerado varios aquí.

Industrias Para Copywriters

1) Agencias De Publicidad

La mayoría de los copywriters trabajan en publicidad, de una forma u otra. Los fanáticos del programa de televisión "Mad Men" pudieron ver cómo podría haber sido una agencia de publicidad de Nueva York en la década de 1960. La realidad es un poco menos descarada quizás. Pero el programa revela algo de lo que los copywriters hacen cada día. Trabajando en anuncios impresos para productos o servicios, creando lemas corporativos, guiones para anuncios de televisión y radio, infomerciales y transmisiones. Muchas empresas (grandes y pequeñas) pagan a las agencias de publicidad para producir sus creatividades de marketing.

Trabajar para una gran agencia de publicidad (como Omnicom, TBWA Worldwide o Dentsu) tiene sus beneficios, porque el trabajo es más estable que el trabajo independiente, por supuesto. Para obtener un trabajo de copywriter en una agencia, la experiencia ayuda, y los trabajos bien remunerados no son para novatos. Aún así, puedes destacarte de la competencia si tienes experiencia en campos emergentes, como el marketing digital y las redes sociales.

2) Copywriters Corporativos Internos

Las compañías más grandes a menudo emplean escritores internos de varios tipos (incluidos los copywriters). Por lo general, son responsables de producir anuncios para campañas publicitarias, o incluso para manuales de empleados o documentos técnicos. Pueden escribir informes de la compañía, descripciones de productos, casos de estudios, tomar decisiones de marca, escribir propuestas, mensajes promocionales, lemas e incluso contenido web.

3) Freelancers De Internet

Cada aspecto del marketing en Internet se basa en el copywriting publicitario. El copy es fundamental en la optimización del motor de búsqueda, la publicidad de pago por clic, el diseño de la página de destino del sitio web y (especialmente) en el marketing por correo electrónico. Entonces, ya sea que estés escribiendo un copy para tu propio sitio web, o aceptes un trabajo por contrato, hay mucho trabajo por hacer en el marketing en Internet.

Si deseas trabajar por cuenta propia, tienes la ventaja de poder establecer tu propio horario. Es por eso que tantos creadores de contenido independientes consideran que sus trabajos son "carreras de estilo de vida". Porque este tipo de trabajo les permite "vivir de su computadora portátil" y viajar mientras trabajan.

Los ingresos mientras se trabaja como copywriter independiente, a menudo se presentan según el proyecto. Entonces, cuando recién comienzas, tu salario puede fluctuar de manera impredecible. Pero, los trabajadores independientes que pueden fomentar conexiones y desarrollar un nombre para sí mismos, a menudo ganan un salario muy impresionante.

Cómo Mejorar Tu Conjunto De Habilidades En El Copywriting

Como muchas otras cosas en la vida, el copywriting de textos publicitarios puede tomar un fin de semana de aprendizaje, pero toda una vida para dominarlo. Es un ejercicio de mejora continua, por supuesto. Pero a continuación, hemos enumerado tres consejos para mantenerte en la dirección correcta.

1) Leer Mucho

Lee manuales de copywriting, sitios web, blogs de copywriting, libros clásicos de copywriting impresos o cualquier otra literatura de copywriting que puedas tener en tus manos. Pero lo más importante, acostúmbrate a leer anuncios y a analizar cómo se siente mientras los lees.

Intenta identificar los trucos que el copywriter publicitario usó para llamar tu atención. No leas el anuncio como lo hacen los lectores casuales y normales. En cambio, escanea el anuncio lentamente. Pregúntate acerca de la selección de palabras en el anuncio. ¿Por qué el diseñador eligió el color rojo, en lugar del color verde? ¿Cómo afectan los adjetivos del copy a tu estado de ánimo?

Al fomentar tus habilidades en el copywriting publicitario, aprender a leer (y percibir) los anuncios de otros copywriters publicitarios, a menudo es más importante que simplemente leer libros sobre copywriting propiamente dicho.

2) *Escribe Mucho*

El educador estadounidense Edgar Dale (1900-1985) es famoso por el dicho a menudo citado:

"La gente generalmente recuerda el 90% de lo que enseñamos".

Si bien la investigación original detrás de esta cita es irregular, y el propio Edgar Dale le dijo a la gente "que no se tomen el número demasiado en serio", la intención de la expresión sigue siendo sólida. Si quieres mejorar en algo, entonces hacerlo, escribir sobre ello y enseñarlo es probablemente una de las formas más rápidas de mejorar.

Mejoras en la escritura cuando escribes.

Entonces, si realmente estás considerando el copywriting de textos publicitarios como una carrera, comienza a escribir anuncios y escribir sobre copywriting de textos publicitarios, lo antes posible. No es necesario tener un trabajo de copywriting para comenzar a escribir un copy. Simplemente encuentra un producto del que sea fanático y mira su cuerpo actual de texto publicitario. Luego, ve cómo podrías mejorarlo.

Considera comenzar un blog y graba tus nuevas epifanías publicitarias. Coloca fragmentos de copy en tu blog y ve cómo tus amigos y familiares responden a tus creaciones.

Si realmente te tomas en serio el copywriting publicitario, pon tu dinero donde está tu boca. Y compra algunos anuncios de Google para un producto afiliado.

O, si todo esto es demasiado aterrador al principio, entonces solo escribe sobre lo que te apasiona. En los primeros días de tu carrera, el objetivo principal debería ser:

"¡Sigue tecleando en ese teclado!"

Eso es.

Si puedes mantener los dedos en el teclado y comenzar a generar contenido (de cualquier tipo), entonces esto es mejor que no realizar ninguna acción.

No te preocupes si tu conjunto inicial de palabras es un simple regate. No tienes que mostrarle a nadie su contenido si no lo deseas. Lo importante es que tu cerebro aprenderá mientras escribes. Y cada día, cuando te acerques al teclado nuevamente, las palabras fluirán, cada vez un poco más fácil. Si alguna vez te has sentado detrás de un periodista mayor antes, entonces puedes saber a qué me refiero. Algunos reporteros pueden sentarse frente a un teclado y emitir contenido digno de noticias, sin siquiera mirar su computadora portátil. Al igual que en cualquier otra búsqueda humana, la escritura es una habilidad que gradualmente dominamos. Hasta que, algún día, la habilidad sea tan fácil que nos preguntamos por qué a otras personas les resulta difícil hacerlo.

3) Mantener Una Cartera De Tu Trabajo

Cuando termines de escribir, guarda tu trabajo. Quizás desee imprimirlo, guardarlo en un diario o hacer una copia de seguridad en la nube. Pero guarda tu trabajo en alguna parte.

Tener un grupo histórico con tus propias palabras es importante, por varias razones. Primero, cada palabra que escribes es un trofeo que mostramos al mundo. Es un símbolo de que una mente consciente estaba aquí y de que tenías algo que decir.

Pero, lo más importante, mantener un largo rastro de palabras te permitirá mirar hacia atrás y ver todo el trabajo que has escrito. Y comprenderás cómo has mejorado con el tiempo. Esto es fundamental. Porque generalmente no es saludable compararse con los demás. Pero puede ser bastante fructífero compararte con la persona que fuiste ayer. Si puedes guardar tus palabras, mirarlas y ver una mejora gradual con el tiempo, esto te alentará a continuar, a mejorar aún más cada día.

Aplica A Empleos

Si estás buscando una de las posiciones de marketing más preciadas en el sector corporativo, a menudo es clave familiarizarse íntimamente con un nicho específico. El copy que escribirías para la industria de la belleza no es el misma que escribirías para vender las motos Harley Davidson. En el loco mundo de la publicidad, los mejores copywriters tienden a especializarse.

Conoce tu nicho de mercado, por dentro y por fuera. Aprende lo que la competencia está haciendo. Tal vez, trata de dominar una estrategia de marketing específica de la industria, que pueda mostrar a los líderes en el nicho.

Si recién estás comenzando, a menudo es mejor elegir un producto o servicio en particular del que seas fanático. Y luego, comiences a trabajar en tu nicho de pequeñas empresas al inicio, con la intención de pasar a clientes más grandes más adelante.

Se Un Hombre De "Muchos Sombreros"

Otra forma de aumentar tu propia capacidad de venta es dominar las habilidades de marketing auxiliares. Recuerda, el marketing es un vasto dominio. Y, una compañía que está buscando contratar un copywriter publicitario, a menudo está en el mercado para múltiples empleados, que usan "muchos sombreros diferentes". Por lo tanto, brinda mucho valor a tu empleador al ser experto en más de una cosa.

Como ya hemos discutido, aprender marketing en Internet (en todas sus formas) es un activo importante. Si se puede hacer de copywriting, así como SEO, y si tienes un conocimiento práctico del diseño de páginas web, entonces estás colocado en un lugar en particular envidiable por cierto. Y podrás comercializar tus muchas habilidades a casi cualquier empresa que te entreviste.

Ir A Entrevistas

Cuando recibes una llamada para ir a una entrevista de copywriting de textos publicitarios, esta es tu oportunidad de concretar el trabajo y brillar. Pero, ¿tal vez no sabes qué decir ni qué debes preguntar al entrevistador?

Las reuniones como esta van bien cuando el cuerpo actual de tu contenido de marketing es congruente con el tipo de contenido producido por la empresa. Por ejemplo, si te estás entrevistando con una compañía automotriz y has estado haciendo mercadeo en la industria automotriz durante 30 años, entonces eres un candidato obviamente viable.

Pero, incluso si no tienes experiencia directa en la industria, eso no significa que no puedas presentarte a la entrevista preparado. Antes de ir, investiga la compañía a fondo online. Específicamente, tome nota de las campañas de marketing que han lanzado a lo largo de los años. Si ves que tenían un exitoso anuncio de minivan hace cinco años, busca en su grupo de trabajo existente y ve si tienes algún material de marketing que sea de alguna manera congruente.

Si no, simplemente inventa tu propio anuncio. Y se honesto al respecto. Lleva tu propio anuncio de minivan recreado en la entrevista y explica cómo hubieras abordado la tarea.

Preguntas Comunes De Entrevistas Para Trabajos De Copywriting

Repasemos tres preguntas comunes de las entrevistas, que probablemente surjan cuando solicites trabajos en el mundo del copywriting.

Pregunta 1: "¿Qué Trabajo Ha Completado Recientemente, Que Es Más Similar A Nuestras Campañas De Marketing?"

Como se mencionó anteriormente, las compañías de publicidad tienden a especializarse en un nicho u otro. Por lo tanto, se sienten más cómodos contratando personas que ya han creado campañas en su nicho. Si nunca has trabajado en su nicho, intenta presentar algunas maquetas antes de la entrevista, detallando cómo hubieras manejado la cuenta.

Pregunta 2: "¿Qué Campaña Fue La Más Difícil Para Ti?"

Las campañas pueden ser difíciles. Entonces, aquí, el entrevistador quiere saber qué partes del trabajo te resultan difíciles. Escoge un proyecto pasado y habla honestamente al respecto. Esto demuestra que no tienes miedo de desafiar el trabajo y no te romperás bajo presión. Recuerda, las personas a menudo valoran la honestidad más que la mayoría de los otros rasgos humanos.

Pregunta 3: ¿Sobre Qué Temas Te Siente Más Cómodo Escribiendo?

Ningún copywriter puede escribir sobre cada tema con facilidad. Los intereses de las personas varían enormemente. En general, es más fácil escribir sobre temas que te gustan, y hace que la rutina diaria sea más gratificante. Por ejemplo, un copywriter que odia la industria de la moda, todavía puede pasar a regañadientes la jornada laboral y producir anuncios de la industria de la moda. Pero si odias el nicho, entonces escribir todas y cada una de las oraciones puede parecer tortuoso.

Entonces, ¡no pases por eso! Si eres más fanático de las "canoas y equipo de campamento", entonces probablemente no deberías estar solicitando un trabajo de marketing en "Versace of New York".

Sigue "Golpeando Puertas"

Ir a entrevistas en algunas de las empresas de publicidad más grandes puede ser competitivo y estresante. Además, puedes estar compitiendo contra solicitantes con décadas de experiencia en marketing. Así que no te desanime si las mejores posiciones no caen en tu regazo durante tu primera semana de golpear puertas.

Prepárate (emocionalmente) para los fracasos. Si una entrevista no va particularmente bien, aprende de ella y reanuda tu búsqueda. Además, considera solicitar comentarios del propio gerente de contratación. Por lo general, con gusto señalarán alguna parte de tu repertorio que falta actualmente. Y si te concentraras en esta habilidad antes de la próxima entrevista, entonces tu probabilidad de obtener el próximo trabajo es probablemente mayor.

Ch. 16: Contratar Un Copywriter

Cuando eres propietario de una pequeña empresa, tienes que hacer todo. Cada trabajo es tu trabajo.

En consecuencia, muchos propietarios de pequeñas empresas comienzan siendo su propio copywriter. Esta tendencia a menudo persiste, incluso después de que la empresa es bastante grande. Incluso el fallecido gran Steve Jobs era conocido por participar en el copywriting publicitario de las campañas de marketing, mucho después de que Apple fuera un conglomerado multinacional establecido.

Entonces, si estás ejecutando un negocio dinámico, que sigue creciendo, eventualmente tendrás que contratar un copywriter o una empresa de marketing. Afortunadamente, después de leer este libro, conoces bien el tipo de habilidades que uno necesita para tener éxito en el copywriting publicitario. Pero, en este capítulo, trataremos de enseñarte algunas maneras de detectar esta habilidad en otros.

A continuación, enumeramos todos los pasos que tomamos al contratar un copywriter.

Pasos Para Contratar Un Copywriter

Paso 1. ¿Dónde Encuentras Copywriters?

La ubicación en la que buscas tu nuevo copywriter depende del tipo de trabajo que ofreces. Si simplemente estás buscando un copywriter temporal (para trabajar proyecto por proyecto), muchos sitios web facilitan esta búsqueda. Upwork y Fiverr podrían ser tus dos primeras opciones.

Si estás buscando un empleado a tiempo completo, que se presentará en tu oficina de 9 a 5 cada día, normalmente buscarías en Craigslist o LinkedIn.

Paso 2. ¿Qué Quieres De Tu Copywriter?

Antes de escribir la descripción de su trabajo, asegúrate de tener muy claros los diversos tipos de trabajos de copywriter disponibles. Pasamos mucho tiempo (al comienzo de este libro) distinguiendo entre los diversos tipos de trabajos de escritura.

Recuerda que un Copywriter no es necesariamente un Copyeditor, que no es necesariamente un Content Writer. (Copywriter, Copyeditor, Content Writer... estas son tres posiciones diferentes, que requieren tres habilidades diferentes). Pero, incluso las personas que trabajan en la industria, a menudo confunden estos términos. ¡Así que asegúrate de contratar a la persona adecuada!

Aquí hay algunas razones por las que podrías necesitar un copywriter para tu negocio:

- El copy de tu anuncio no está atrayendo suficientes clientes.
- Tu copy es demasiado complicado y seco, o demasiado técnico.
- Necesitas un nuevo par de ojos experimentados para examinar tus actividades de marketing y aconsejar posibles cambios.
- Estás lanzando un nuevo producto y necesitas ayuda adicional para ampliar tus horizontes de marketing.
- Diriges un negocio, pero no tienes el tiempo ni la paciencia para redactar textos publicitarios. Entonces necesitas a alguien que te ayude.

Cualquiera de estos motivos podría ser suficiente para comenzar tu búsqueda de un copywriter. Pero recuerda, que no todos los copywriteres publicitarios son vendedores o marketeros de Internet. Es posible que puedan escribir un copy del anuncio, pero es posible que no sepan lo primero sobre la publicidad de pago por clic o cómo crear páginas de destino para sitios web. Los copywriters publicitarios no son "chicos de SEO".

El marketing (en general) es un campo grande, complejo y dinámico. Por lo tanto, ten cuidado de no descargar el trabajo completo de una agencia de marketing, sobre los hombros de una sola persona.

Paso 3. Costo Estimado

Si contratas copywriters por proyecto, generalmente se pagan por hora y las tarifas son muy variables.si bien algunos copywriters de Fiverr te escribirán algo por $ 5 dólares, generalmente buscarás un producto con más experiencia detrás. La mayoría de los copywriters estadounidenses decentes cobrarán un mínimo de $35 dólares por hora. ¡Pero se sabe que los copywriters más experimentados y famosos cobran miles por hora!

Paso 4. Pedir Muestras

Para separar el trigo de la paja, es útil solicitar muestras de trabajo de tu posible copywriter. Idealmente, tendrán una cartera de trabajo existente. Y si no lo hacen, entonces esta es una bandera roja. En el mejor de los casos, los copywriters conservarán muestras del "antes y después", mostrando cómo pudieron dar la vuelta a una campaña de marketing y aumentar las ventas con su copy.

Paso 5: Hoja De Trucos Del Entrevistador

Si estás considerando contratar a un copywriter como empleado a tiempo completo, entonces puedes agregar estas preguntas a tu proceso de entrevista:

1. ¿Cómo llegaste a la profesión de copywriter?
2. ¿Cuál es la compañía (o marca) favorita de la que te inspiras?

3. ¿Hay algún producto o servicio para el que prefieras escribir?
4. ¿Cuál es la mejor campaña de marketing de la que has participado?

Trabajando Con Un Copywriter

Una vez que finalmente hayas incorporado un copywriter, al flujo de trabajo, a menudo es más fácil si e esfuerzas por familiarizarlos primero con tu industria. Cuanto más entiendan tu nicho, más probable es que su copy se conecte con tu audiencia. Por lo tanto, bríndales información sobre tu historia corporativa, productos y servicios, competidores y tu estrategia general de ventas y marketing. Idealmente, mantendrás esta información fácilmente disponible y actualizada, como parte de tus actividades de recursos humanos. Lo más importante, tu empresa debe tener una guía de estilo.

Prepara Una Guía De Estilo De La Empresa

La "Guía de estilo" de una empresa es como un modelo para un copywriter. Asegura consistencia en todo su material de marketing. Por lo general, una guía de estilo puede incluir los siguientes elementos:

1 Un Buyer Personas

Un Buyer Personas es muy útil para recordarles a tus vendedores quién es tu clientela objetivo. Por lo general, los Buyer Personas son solo una biografía de una página, que representan las características, esperanzas y puntos débiles de tu hipotético "cliente promedio".

Los Buyer Personas le dan a tu copywriter información sobre a quién apunta tu copy. Muchos copywriters en realidad adjuntarán estas características a una muñeca o animal de peluche, y mantendrán el juguete a la vista, mientras escriben un copy.

2 Pautas De Voz Y Tono

Proporciona ejemplos para tu copywriter, que defina la voz y el tono de tus actividades de marketing anteriores. Debe mantener una lista de adjetivos que tu (y tus clientes) hayan utilizado para describir tu producto en el pasado.

Por ejemplo, si estás vendiendo pistolas de paintball, ¿tus clientes simplemente "juegan" con ellas? ¿O tus clientes (citan) "juegan juegos de guerra simulados con escenarios realistas" con ellas?

Esta es una distinción importante. Porque el texto que elegimos aquí afectará a nuestra clientela objetivo de diferentes maneras. Recuerda, en el copywriting de textos publicitarios, generalmente nos esforzamos por referirnos a nuestros productos de la misma manera que lo hacen nuestros clientes.

3 Mantener Especificaciones De Diseño Y Formato

Cada empresa tiene una forma única de formatear y presentar sus textos y materiales de marketing. Por lo general, los diseñadores mantendrán una tabla de búsqueda de colores y fuentes, así como más especificaciones técnicas, como peso del papel, fotos de productos y formatos de logotipos.

Ahora, no tienes que crear una enciclopedia de la empresa de detalles técnicos pedantes. Pero trata de mantener un conjunto de documentos que reflejen el formato único de tu empresa. Como mínimo, las empresas tienen un conjunto de documentos de campañas de marketing anteriores de los cuales sacar papel, con membretes corporativos, logotipos y especificaciones de fuentes. Esto suele ser suficiente para que el copywriter inicie. Los temas corporativos cambian con el tiempo. Pero las conversiones de los clientes son más altas cuando hay armonía entre los temas de diseño utilizados en todo tu material de marketing, desde tus sobres de papel hasta las páginas de destino de tu sitio web.

Ch. 17: Conclusión

Similar al ajedrez, el copywriting de textos publicitarios lleva una semana para aprender, pero toda una vida para dominar. Recuerda, el copywriting tiene un arte y una ciencia. Al igual que en todas las profesiones de escritura, es un ejercicio de mejora continua y diaria. Pero con cada anuncio que escribes, de hecho mejoras un poco cada día.

Como mi profesor de Inglés de 4 ° grado, la Sra. Weinstein solía decir:

"Tu capacidad para escribir se verá ayudada por la cantidad que leas".

Esto es verdad.

Cada vez que tu mente considera una oración (ya sea de la web, impresa o de una conversación), esta oración se convierte en parte de los centros de lenguaje de tu propio cerebro. Entonces, la mejor manera de mejorar tu copywriting es mejorar tu "lectura de anuncios". Sigue leyendo libros, anuncios, copys de páginas web, volantes y sigue hojeando revistas. A medida que el material de marketing del mundo corre por tu campo de visión, tómate el tiempo para la introspección y pregúntate:

- ¿Cómo me hace sentir este anuncio?
- ¿Por qué me llamó la atención este anuncio?
- ¿Por qué he estado comprando el mismo papel de seda durante 10 años, a pesar de que hay opciones más baratas?
- ¿Realmente creo que un champú más barato hace que mi cabello se vea peor?
- ¿Por qué siento que el Producto A es más seguro que el Producto B?

Aprender a reconocer y comprender tu propio comportamiento de compra es el primer paso para poder influir en el comportamiento de compra en los demás.

A menudo, tu entrenamiento de copywriting más importante no vendrá de un libro. Más bien, se basará en una larga historia de experiencias introspectivas, en las que constantemente estás haciendo ping a tu propio cerebro y preguntándote: "¿Por qué acabo de hacer clic en eso?"

¡Contestar esta pregunta es cuando sucede el verdadero aprendizaje! Los buenos copywriters se esfuerzan por ser conscientes de sus maquinaciones subyacentes de su propio subconsciente, los antiguos motivadores, que impulsan el comportamiento humano de compra. Cuando comprendas cómo funcionan estos desencadenantes dentro de tu propia mente, entonces serás más apto para invocar estos desencadenantes en tu consumidor objetivo.

Cuando se usan de esta manera, las palabras pueden convertirse en una poderosa herramienta de persuasión. El autor inglés Edward Bulwer-Lytton tenía razón cuando (en 1839) proclamó:

"La pluma es mas poderosa que la espada."

Y de hecho, lo es.

Y los copywriters (que saben cómo convencer a grandes poblaciones de personas para que actúen) pueden probar este adagio todos los días.

www.ingramcontent.com/pod-product-compliance
Lightning Source LLC
Chambersburg PA
CBHW030640220526
45463CB00004B/1593